KB253710

문예신서
2011

영재아이 키우기

재능이 뛰어난 아이와 학교

소피 코트

김경하 옮김

東 文 選

영재아이 키우기

영재아이 키우기

Albin Michel
Sophie Côte
préface de Antoine de la Garanderie
Doué, surdoué, précoce
L'enfant prometteur et l'école

© Éditions Albin Michel S.A., 2002

차 례

서 문

소피 코트는 사람들이 자신의 책을 특별히 지적으로만 번역한다면 그다지 기뻐하지 않을 것이다. 그것은 그녀가 책을 쓸 때 끊임없이 싸웠던 것에 반하는 잘못을 저지르는 것이 될 터이기 때문이다. 그녀는 책의 매 쪽마다 체험의 진실이 포착되기를 갈망했다. 그녀는 진실이나 진실이기에는 불충분한 것을 사람들에게 알리는 사명의식을 받은 것이 아닐까?

이 길에 관여하기에 그녀가 잘 혹은 잘못 놓였던 것은 아닐까? 학교의 합법성을 방어하도록 준비된 학교 기관의 책임 관리자이면서 동시에 학생들의 권리에 대해 열린 교육자인 그녀이기에 아이들을 모두 동일시하는 것을 걱정하며 그 일을 시작하기를 결정했고, 또 그 노력을 잘 주도하기에 꼭 필요한 용기를 얻었다.

그녀의 책을 읽고 난 후, 사람들은 그녀가 이 책을 쓰지 않을 수 없었다는 점과, 자신이 그렇게 표현할 수밖에 없었다는 것을 인정하기에 쉽게 다다를 것이다. 적절하게 이해되지 못한 아이들과 청소년들의 고통을 알리는 요청은 문체 변화와 어휘 선택에서도 나타난다.

메시지가 전달되도록 이용된 방법은——작은 화상을 입은 것처럼 독자들의 의식을 정화하고 일깨우도록——이어지는 문체에 의해 처리되었다.

정리된 발언은 표면적이지는 않았다. 거의 직접적으로 드러난 본질적인 원인에 적중하도록 상황은 그려졌다. 놀라운 것은 소피 코트가 독자들에게 제안하기를 선택했던 예들 각각이 다른 사람들에게도 의미를 불러일으키는 기회를 부른다는 것이다. 독자로서 이보다 더 나은 것을 꿈꿀 수 있겠는가?

사람들이 인정할 수밖에 없는 철학을 소피 코트는 가지고 있다. 그것을 이해하게 하는 격언이 하나 있다: "우리가 이해하지 못하는 것을 설명하는 데 조심해야 한다." 우리는 그녀의 책을 쭉 읽는 동안 그것의 응용을 본다. 그녀는 자기가 증명한 상황의 의미에 대해 묻고, 스스로 자신에게 질문을 제기하는 데 유의한다. 설명이란 그것 스스로 이해가 돌출될 때만이 유효하다. 반면 만일 설명이 '그것만' 이나 '그것이 유일한' 으로 인정되기를 바란다면 그것이 인간일 경우——특히 그 희생양이 아이일 때——비극적인 잘못으로 이르게 한다.

비극적인 것에 보탤 것이 있다면 잘못으로 인해 반대로 구성된(최소한을 최대한으로 판별하는) 상황이다. 장점을 부정하는 것은 잘못을 만들어 내기 위해 그것을 왜곡하는 것이다! 거기에 절규해야 할 무엇이 없지 않은가? 소피 코트는 유머는 이해를 필요로 하고 유머가 미래를 구제한다는 것 또한 이해했다.

천재의 연필은 우리가 발견하리라 생각조차 못한 바로 그곳에서 유머를 체험하게 한다.

앙투안 드 라 가랑드리

아이가 바보와는 거리가 멀군요!

들어가면서

영재아동의 성과

학교 교육과정의 수정 실책으로 영재아동의 33퍼센트가 3학년 말에 학업 실패 상태인 데 비해, 적어도 34퍼센트는 발전이 느리고 33퍼센트는 그들의 학업 성과를 눈부시게 성공시킨다. 유치원에서 대학 준비 학년까지의 교육 체계 내에서 영재아동이 통계적으로 44만 명 이상이라는 것을 우리가 안다면, 14만 5천 명의 아이들이 실패 상태라는 결론에 도달한다. 그러나 호기심이 강하고 이해가 재빠르고 뛰어나기에, 그들 가운데 거의 대부분의 아이들이 학업에 성공해야 할 것이다. 그렇다면 이러한 손실은 무엇인가? 너무도 느린 리듬과 격려나 경쟁심의 부족으로 이 아이들에게 있어 골치 아픈 일과 동기 부족이 뒤따른다. 유난히 민감한 이 아이들을 위한 학습에 있어, 너무도 작은 몫의 감정적인 유보 때문이기도 하다. 또한 영재아동들을 위한 교육법의 필요성이 매우 오랫동안 고려되지 않았었다. 지적 능력을 무시한다는 말인가? 발전 단계들과 엘리트주의가 두려운 것인가? 극단으로 치닫기 없이는 영재교육이 받아들여질 수 없지 않은가!

우리는 이미 영재아이들이 지능적으로 우수하다는 근원에서 출발하기에——그들을 더 특별히 대우할 필요 없이——학습에 자연스레 성공해야만 한다는 말인가? (이러한 추론조차 모든 아이들은 동등하다는 것을 말한다.)

　신화와 현실은 매우 다르다. 평등주의 교육 체계는 영재아동들의 재능을 꽃피우기가 허용되지 않는다. 사소한 일에 신경 쓰는 학교 규제는 그들을 억제하고 종종 학업 실패로 이끈다. 어쨌든 공교육은 이제 그들에게 관심을 보이기 시작했고, 영재아동에 대한 교육 연수를 요구하는 교육자들이 점차적으로 많아졌다. 하여튼 사고방식은 바뀌었고 영재아이들이 다르다는 생각은 이제부터 조금씩 받아들여지는 것 같다.

　만일 제도상의 매우 교육적인 몇몇 결점들을 여전히 매우 유감스레 생각한다면, 점점 더 어려워지는 교육 여건들에 적응하는 많은 숫자의 교사진을 정당하게 평가해야 한다. 이 책에서 풍자적인 방법으로 증명하고 공포한 일탈은 자신들의 직업에 책임감을 가지고 종사하는 대부분의 교육자들과는 연관이 없다.

　우리가 믿는 것들과는 반대로 흔히 영재아이들은 불행하다. 그들은 성인들에게서 항상 이해받지 못한다. 그들은 자신들의 또래들로부터도 자주 거부당한다.

　영재아동들은 가정의 품 안에서 가장 많은 도움과 위로를 받고 그들의 교양을 완성시킨다. 거의 모든 연구가 영재아동 재능의 만개(滿開)를 위해서는 학교 교육 이외에 가족이 가장 중요한 역할을 한다는 사실을 보여준다. 영재아동이 의연하거나 그의 부모가 아이를 이해하고 그의 인생 여정에 뿌려진 장애물들을 걷어내는 데 정통하고 단호하다면, 그 어떤 것도 성공의 길에서 아이를 가로막지 못할 것이다.

우리가 이야기하지만,
그래도 주사위놀이가
흥미있나 봐!
EURÉKA
ZB
PIEM

입 학

유치원 입학은 모든 아이들에게 어려운 순간이다. 영재아이는 극도의 감수성으로 인해 더욱더 그러하다.

부모나, 특히 엄마와 함께 있는 것에 익숙한 이 아이에게 유치원 입학은 생에 있어 첫번째 이별을 의미하며 고통으로 체험된다.

그런 아이에게 아빠는 말했다. "너는 친구들을 만나게 되고 친구들과 놀게 돼. 그리고 많은 것들을 가르쳐 줄 좋은 선생님도 만나게 될 거야!" 적대적이라 여겨지는 알 수 없는 세계를 향해, 이미 보호받고 있던 곳을 떠나는 것은 아이에게 자연스러운 체험이다.

만 3세의 아이에게 운명의 아침이 다가왔다. '불행한' 아이는 눈물을 머금은 채, 유치원 철문을 향해 엄마를 떠나 마당의 다른 아이들을 따라간다.

몇 시간 후, 아이는 나아진다. 왜냐하면 그것을 통과해야 하기에 상황을 순순히 받아들이기로 결심한 것이다. 나아가 아이는 호기심으로 슬픔을 날려 보내고 많은 질문을 하기 시작한다. 사람들은 이 아이의 질문에 아마도 그다지 대답해 주는 성향은 아니다. 서둘러 선생님은 이 조숙한 아이에게 말한다. 30명이나 되는 학급반에서는 모두가 표현해야 하기에 다른 아이들도 말하도록 해야 한다고.

PIEM

쉬는 시간이 다가오면 이상하게도 다른 아이들은 이 조숙한 아이와 놀지 않으려 한다. 아이들은 선생님이 이 아이의 행동을 비난하는 것을 이미 느낀 것일까? 아니면 아이들이 선생님의 태도에 동조를 하는 것일까?

하루가 끝날 무렵, 영재아이는 입을 다물어야 한다는 것을 배우게 되고, 더 이상 질문들을 하지 않아야 한다는 것 또한 잘 알게 된다. 그리고 그가 다른 아이들과 다르다는 것까지도 깨닫게 된다.

마치 아이의 아빠가 그에게 약속한 것처럼, 아이는 벌써 유치원에서 '많은 것을 배우게' 된 것이다.

만약 아이가 첫째라면, 그는 아직 공동 생활 습관이 없기 때문에 다른 아이들과 쉽게 **동화**되기가 어려울 수 있다. 대신 유아원과 잠시 맡겨두는 탁아소로의 잦은 출입은 아이에게 오히려 이러한 유치원의 첫번째 접촉이 쉽도록 도와줄 수 있다. 몇몇 영재아이들은 다른 일반아이들보다 더 사회적이고 친구들도 만들며, 어른들에게 그들이 받아들여지게 하기도 한다. 그러나 거의 모든 영재아이들은 유치원으로의 첫발부터 자신들의 차이를 인식한다.

'사회화' 과정

　3일 만에 조숙한 아이는 '질문 여행'을 마치고, 세상이 함정으로 가득하다는 것을 발견한다. 결국 유치원을 좋아하지 않게 된다. "아이는 사회화되기 위해 유치원에 가야 해" 하며 유치원으로 돌아갈 것을 종용하는 엄마에게 마침내 아이는, 자신에게 그것을 강요하지 말기를 설득하기도 한다.

　그가 유치원에 간다면 매우 좋은 일이다. 천성적으로 특히 착한 아이는 모두를 기쁘게 하려 애쓴다. 결국 '체념한' 아이는 휴식 시간을 혼자 보낸다. 그는 여교사의 말을 경청하고 수업에 참가하고 싶은 불타는 욕구를 느끼지만 말없이 머뭇거린다. 그에게 낮은 길다. 그의 적응 태도는 주위 사람들에게나 적합해 보이고, 그렇게 만들어진 질서를 그는 억지로 깨트리고 싶지도 않다. 다행히도 학급의 한구석에 하얀 토끼가 한 마리 있다. 그는 토끼를 어루만진다. 아이는 토끼에게 말하고, 마침내 자신을 위로하고 이해하는 친구는 토끼라고 생각한다.

　아이는 저녁에 집에서 '안전판'이 폭발하면서 발산한다. 질문들(바보짓들)을 억제하며 그는 부모를 독점한다. 부모가 아이의 정신 건강에 대해 의문을 가지기 시작할 때까지 끝없이 그는 몸을 분주히 움직인다. 하지만 잠자리에 엄마가 침대 곁으로 이야기들을 해주러 올 때면

즉시 조용해진다. 그의 눈은 이미지들을 따라가고 곧 문장들을 쫓는다. 이렇게 그는 알지 못하는 사이에 읽기를 배운다. 부모는 독서에서 연유하는 아이의 일시적 가라앉음을 확인하고, 너무 성가시게 아이의 왕성한 활동이 분위기를 휩쓸자마자 서둘러 책들로 다시 달려든다. 결국 아이는 읽을 줄만 아는 것이 아니라 모든 것에 관심을 갖게 되고, 나이에 비해 매우 유식해진다. 아이는 독서를 통해 접한 어휘를 구사하기에 더욱더 어색함 없이 말하게 된다. 이것은 결국 유치원이 그에게 요구하는 것과 그의 지식들 사이의 거리를 더 벌어지게 한다.

그리하여 유치원 학급의 첫해는 끝없이 길게 이어진다.

총괄적인 **독서**는 문장의 의미를 빠르게 파악하는 영재아이들의 경우, 그것이 자발적으로 이루어졌을 때 매우 바람직한 학습 방법이 된다. 그러나 독서가 하나의 교육으로 지도되는 것은 부적합한데, 이것은 곧 그 아이가 독서장애자가 되는 실패를 증명하게 되기 때문이다. 그에게 총괄적 혹은 반-총괄적 방법은 전적으로 만류하는 바이다.

음절법은 미처 드러내지 않은 어려움을 두드러지게 하지 않는 이점이 있다. 모든 것을 고려해 볼 때 이 방법이 그리 나쁜 것만은 아니다. 지난 수백 년 동안에 그것이 증명되어 보여졌다. 얼마나 많은 아이들이 보세 교육자 부부의 교육 실습을 받아야 했던가!

독서장애란 본래 대뇌 이상으로 인한 글쓰기와 말하기 교육 장애를 말한다. 학습 초기에 그들의 부족함을 벌충하기에 영재아이들의 **독서 장애**를 식별하기란 쉽지 않다. 어떠한 더덞에 대한 커다라 노력의 대가로 그들은 자신들의 어려움을 뛰어넘게 된다. 분명 높은 잠재 능력을 고려한다고 주장할 '커다란 성과' 보다 그들은 아래에 머

PIEM

물러 있다. 그러나 몇몇 아이들은 CM1[1]에 이르러서야 실패하기 시작한다. 나머지 일부의 아이들조차 중학교 과정에서야 마침내 드러난다. 뇌 형태는 학습의 결과로 변모시킬 수 있기에 가능한 일찍 이 결점을 테스트에 의해서 탐지하는 것이 중요하다.

때때로 독서 학습의 어려움은 실패나 걱정, 새로운 것에 대한 두려움, 고통스러운 가족 상황에 따른 슬픔과──예를 들면 부모의 이혼──같은 다른 이유에서도 발생된다. 만약 어려움이 지속된다면 교육 상담원과의 상담이 요구된다. 상담원은 평가를 내릴 것이고 불안의 원인을 알아낼 것이다.

읽기 습득은 자연스러운 것이고, 이 영역에서의 모든 지체는 부모들에게 알려야 한다. 두뇌적인 것이든 심리학적인 것이든 그 원인을 찾아냄은 정음법적이나 정신(심리)요법적인 재교육으로 이 문제를 치료하기 위한 필요한 조치를 허용할 것이다.

방학이 다가오고 즐거운 생활이 다시 시작된다. 조숙한 아이는 자신의 넘쳐나는 창조적 상상력이 자유로이 날도록 둔다. 풍성한 유머로 자주 웃기는 말을 찾아내고 주위 사람들을 즐겁게 만든다. 매우 직감적인 그는 상황과 사람들에 대한 세밀한 지각으로 그것들을 즐긴다. 그는 약간 조작자이다. 부모는 그 사실을 알지만 그것을 또한 보고 즐긴다.

그의 어휘는 풍부하다. 애써 만든 그의 구문은 마침내 그의 사고를

---

1) *Ibid.*, 프랑스 학제 **Cour Moyen**1을 말함. 우리의 초등학교 4학년에 해당된다. 뒤에서 다시 언급된다. (참조 p.42)〔역주〕

언어로 표출하게 한다. 그의 질문들은 점점 더 추상적이고 형이상학적이 된다: 왜 태양이…? 죽음은 왜 오지? 왜 많은 종류의 동물들과 사람들은 서로 싸우지? 왜? 왜?

어느 날, 엄마가 그를 사촌과 함께 루브르박물관의 고대 이집트 갤러리에 데려간다. 그녀는 전시장을 매우 조급하게 지나치며 유물 관람에 거의 무관심한 조카를 보고 놀란다. 그녀는 조카가 오래 집중하지 못하는 것을 발견하고 자신의 아들과 조카의 차이를 헤아린다.

영특한 아이는 이집트에 대한 책들을 모으기 시작한다. 하지만 매번 새로운 조각 작품과 부모의 새로운 설명마다 그를 또 다른 질문들로 이끌기 때문에, 그의 호기심을 만족시키는 것과는 거리가 멀다.

말할 수 있고 답변을 얻을 수 있다는 것은 그에게 매우 좋은 일이다. 그러나 늘 그렇지는 않다. 왜냐하면 부모는 살아 있는 백과사전이 아니며, 특히 폭넓은 아이의 호기심을 다 만족시킬 수가 없기에. 더군다나 뛰어난 아이의 인내에는 한계가 있다.

재능 있는 이 아이는 운동이나 예술적인 면에서 많은 노력을 한다. 그는 매우 빠르게 달리고 물고기와 같이 수영하고 피아노를 연주한다. 그는 행복하다, 그리고 살아가는 그를 보는 것은 부모에게 커다란 기쁨이다. 이 장래성 있는 아이는 모든 것에 빛을 발할 것 같다.

오랫동안 영재아동은 미숙한 아이의 초상으로 여겨졌었다. 결국 그를 우등생으로 묘사하는 데 수십 년이나 걸렸다. 몇몇 사람들은 그가 근시안이고 천식을 앓고 왼손잡이임을 증명하려 하기도 했다. 심지어 중학교에서의 합동 테스트 작성시 교육 상담원은 이 주장을 확인하고자 하는 희망으로 아이들을 탐색하면서 교실을 성큼성큼 걸어

다니기도 했다. 하지만 이 주장은 완전히 잘못된 것이라 밝혀졌다.

이론의 여지없이 지적으로 우수한 몇몇 아이들이 행동에 서투르다는 것은 사실이다. 그들의 제스처가 너무 부정확하기에 이 아이들 모두가 악기를 능숙하게 연주할 수 있지는 않다. 또한 그들 모두가 운동을 좋아하지도 않는다. 몇몇은 오히려 운동을 혐오스러워하기까지 한다. 학교 교육 기관의 체육 교육 중시는 많은 아이들의 유아적 습성을 개선한다는 데 있다. 이러한 관점에서 영재아이는 더 이상 다른 아이들보다 미숙한 아이들이 아니다. 그가 자신의 학년보다 앞설 때, 그것은 단지 자신보다 한 살 혹은 두 살 위의 아이들에게 주어진 연습들을 해야 하는 것에 불과하다.

'사회화' 과정(연속)

유치원의 두번째 학년은 정말 끔찍스러운 해이다. 방학 동안 힘을 보강하고 새로운 에너지로 가득 채워 그는 더 이상 침묵하는 상태가 아니다. 선생들은 그를 '방해자, 귀찮게 구는 자'라고 한다. 그는 자주 벌을 받는다. 그리고 막연히 거기에 대한 부당함을 느낀다. 엄마가 그를 데리러 올 때, 자기로 인해 하루 동안 쌓인 여교사의 모든 질책의 피해를 엄마가 입는 것을 잘 알아차린다. 아이는 역설적으로 집에서는 매우 얌전해졌다. 엄마가 자기의 이러한 특징을 언급할 때, 여교사의 의심하는 듯한 뾰로통한 얼굴은 아이의 마음에 들지 않았다. 꾸지람을 듣는 것은 그에게 그다지 곤란하지 않다. 그러나 아이는 엄마가 대신 그의 불복종의 피해를 입고 질책을 받는 것은 전적으로 받아들일 수 없다. 그가 차분해질 수 있다면 그렇게 하리라. 하지만 그러기 위해선 그에게 관심 있는 어떤 활동이 주어져야만 한다.

그가 읽을 줄 안다는 것을 여교사가 알아차렸던 날, 사태가 완전히 나빠졌다. 그를 혼란시키는 여교장의 대화를 절취해 보자: "이 부모들은 자기 아이들을 지혜로운 개들로 만들려 하는군! 왜 자기 아이들을 그렇게 내몰지?"

같은 날, 그는 교장실로 불려갔다. 그에게 여교장은 그와 같은 나이에 아이들은 읽지 못한다는 것을 설명했다. 아이는 겨우 만 4세에 불과하다. 6세가 되어야 읽기를 배울 수 있다. 게다가 독서를 지도하는 것은 부모의 몫이 아니다. 수업 예비 과정의 교사가 그에게 읽기를 가르칠 것이다.

그는 이해가 되지 않았다. 그가 이미 알고 있는 것을 어떻게 2년 후에야 여교사가 가르친다는 말인가?

그가 분쟁의 원인이기도 한 어른들과의 이해 대립이 드디어 가슴으로 느껴졌다. 그는 점점 더 방향을 잃었고, 그의 엄마는 더욱더 짜증이 났다.

그때까지만 해도 그저 장난을 잘치는 아이에 불과했지만 이제는 공격적이 된다. 더 이상 확신이 없는 이 여교사에게 영특한 아이의 시선은 불안정하기만 하다.

늦은 오후 어느 날 저녁, 그의 엄마가 "당신의 아들은 정상이 아니에요. 교육 상담원을 한 번 만나 보셔야 해요" 하는 말을 들었을 때, 아이는 특히 고통스러웠다. 그 말을 통해 여교사는 그가 '정상 너머' 뿐만 아니라 '머리가 약간 돌았다' 는 것을 말하고자 했던 것이다. 아이의 엄마 역시 거의 그렇다고 생각했다.

영재아이들은 또래집단에 동화되는 것 이상 더 바라지는 않을 것이다. 다른 아이들과 다르기를 자신들이 선택한 것이 아니기 때문에 그들이 체험하는 또래로부터의 거부는 진정 그들의 행위가 아니다.

몇몇 영재아이들은 자기 안으로 틀어박혀 약해지며 점차 침묵 속으로 도망친다. 그 외 다른 아이들은 이를 감수하지 못하고 해방꾼들이 되어 그들의 따돌림을 가중시키기만 한다. 교육자들은 영재아이

국가, 다시 말해 사회에는
법이 있다. 원하는 것만을 하
는 자유와 원하지 않는 것을
할 수밖에 없는 자유가 있다.
— 몽테스키외

들을 참아내지 못하고 그들에게 규율 준수를 가르치는 데 너무나 많은 시간들을 보낸다. 다른 '일반' 아이들의 부모들은 불평하면서 오히려 공부를 방해하는 그룹의 퇴학을 바랄 것이다. 이것은 그야말로 악순환이다.

영재아동들에게 강요된 반복적인 일에 대한 무관심의 결과가, 자폐나 과도한 원기 왕성으로 드러난다. 잠자코 있지 못하는 아이들은 앉아 있지 않고 여기저기 돌아다니며 소리를 내기에, 교사들은 그들에게 때때로 **과도하게 활동적인**이라는 말을 사용한다. 아동 정신의학자들의 개념에서는 활력이 넘치거나 활동적인 아이들, 몸을 흔들며 소리를 지르는 아이들과 수업방해자 등과 같이 불안한 행동으로 고통받는 아이들에 대해 '과도하게 활동적인'이라는 의미로 그들을 지칭하지 않는다. 지루함으로 이들은 혼란스럽지만, 어떤 것에 흥미를 갖자마자 움직임을 멈추고 대단한 집중력을 보인다.

하지만 또 다른 영재아이들의 경우 그것이 어떤 상황이든 자신을 통제하지 못한다. 그들은 주의력 돌기와 연관된 대뇌 피질(앞이마 뇌) 일대의 미숙으로 고통받는다. 이러한 결핍은 그들에게 주의력을 지탱하지 못하게 하여 소음이나 주변 사람들의 상황 등과 같은 여러 가지 부주의가 야기될 때 적절한 정보를 선택할 수 없게까지 된다. 흥분되어 있고 하던 일을 정돈하는 데 어려움을 가지며, 집중할 수 없어 전혀 경청하는 것 같지 않은 그들은 물건들을 잃어버리기 일쑤이다. 이미 하던 일을 마치기 어려워하는 이와 같은 행동들은 그들 스스로도 행동 결과들을 예측할 수 없어 이들을 지도하기가 심히 위험하다. 심지어 그들은 사회 일상 생활 규칙들에 순응할 수도 없다. 그러므로 이에 대해 그들에게 벌을 주는 것은 그들을 단지 불행하게 만들 뿐이다. 결론적으로 벌칙은 그들에게 아무런 효과가 없다. 그들이 주인이 될 수 없는 자신들의 행동들을 억울하게 나무라는 것에 대해 이 영재아이들은 매우 고통스러워한다. 그들은 자주 부차적인 우울증을 앓는다. 그들이 바로 앞에서 언급한 '과도하게 활동적인' 것이다.

이 '과도한 활동성'은 전체 아이들 가운데 5퍼센트 이상은 연관되지 않으며, 일반적으로 두뇌의 성숙이 완성되는 사춘기 시절인 만 14세 즈음에 약해진다. '과도한 활동성'은 예전에 학교 교육을 위태롭게 하기도 했다. 그래서 몇몇 의사들은 그들을 진정시키는 효과를 위해 리탈린(Ritaline) 방식의 치료를 처방했다. 중추신경을 자극하는 각성제 암페타민과 유사한 이 약은 의사들에 의해서 신중하게 처방된다. 아동 정신의학자인 올리비에 레볼 의사는 부산한 아이에게 필요하지 않은 이 약의 투약을 막기 위해 그에 앞선 진단의 중요성에 대해 강조한다.

교육 상담원

교육 상담원과의 약속이 잡혔다. 아이는 매우 걱정하면서 이제 옷을 홀랑 벗고 체중을 재게 될 것이라 생각한다. 교육 상담원은 어머니와 아이에게 질문한다. 아이의 어머니는 아이가 교육 상담원에게 편안하게 자신을 표현함에 놀란다. "아이를 테스트해야겠어요." 어머니는 동의하고 테스트하는 동안 물러난다. 아이는 처음엔 매우 주저하더니 점차적으로 긴장을 풀었다. 테스트는 재미있었으며 그것이 전개됨에 따라 아이는 심리학자의 눈에서 먼저, 동의에서 다음 찬사로 이어지는 어떤 빛을 보았던 만큼, 테스트를 게임으로 여기며 더욱더 즐거움으로 점점 더 빠르게 답변을 해나갔다. 아이는 그가 느끼는 이 격려의 감정을 결코 잊지 않을 것이다. 왜냐하면 갑자기 그는 더 이상 이제 죄의식을 느끼지 않기 때문이다. 먼 훗날, 그의 인생여정에서 그를 신뢰하는 사람들과만 잘 성공할 것이다. 테스트는 아주 흥미있었다. 테스트 마지막에는 오히려 여러 시간 동안 테스트가 더 계속되었어야 하는데 하며 그는 실망했다.

엄마가 아이를 찾으러 왔을 때, 교육 상담원은 아이가 영재아동에 속한다고 엄마에게 설명했다. "아이의 실제 나이는 만 4세이지만 지적 나이는 만 10세입니다. 만약 아이가 학교 규율을 따르는 데 문제가 있다면 수업이 싫증나기 때문이죠. 아이는 격려가 필요하고, 적어도 아이 자신의 최소한의 노력을 요구하는 일과 직면해야 합니다. 아이보다 더 나이가 위인 아이들과도 접촉하는 것이 좋겠습니다. 결론적으로 말씀드리자면, **아이를 월반시키세요.**” 교육 상담원은 아이의 엄마에게 테스트 결과가 기입된 한 통의 편지를 주었다.

그러한 사항을 곰곰이 생각할 때, 아이 엄마는 방금 알려진 아들의 IQ 평가에 그다지 놀라지 않았다.

아이가 아주 애기였을 때, 사실 엄마는 아이의 집중력에 놀랐었다. 아이는 사람들과 사물들을 뚫어지게 쳐다보았고 특히 모양과 소리, 색깔에 관심을 보이며 조금도 싫증내지 않고 침대 위에 매달려 있던 모빌과 딸랑이들과 놀던 것을 기억해 냈다. 지금 생각해 보면 아이의 뇌는 끊임없이 깨어 있었던 것 같다.

그가 첫째였기에 다른 자녀들과 비교가 불가능했던 아이의 부모는, 정작 아들의 이해에 대한 갈망과 극도의 호기심 때문에 자주 난처했음에도 불구하고 아이의 영특함이 정상적이라 생각했었다.

아이가 특별히 일찍 말한 것은 아니다. 하지만 아이가 말을 시작한 후에는 결코 ‘아기 말’을 하지 않았다. 마치 자신의 어휘를 간직한 것과도 같이, 아이는 말을 익히자마자 사용하여 뜻이 명확해지게 했다 (나중에 그들은 자신의 딸이 생후 8개월에 종알거리기 시작하고 이모에게 “나를 안아야 해” 하며, 놀랍게도 만 18개월에 접속법을 사용한 것과 비교하게 될 것이다. 30개월에 언어의 유창함은 아이의 나이에 비해 분명 예외적인 것이다).

상담원을 떠나면서 아이의 엄마는 근심스러운 모습이다. “오늘 저녁에 가족회의를 열자. 아이의 선생님에게 이야기해야 할까. 선생님은 이것을 어떻게 받아들일지, 진실을 숨기는 편이 낫지 않을까." 하룻밤 고심 끝에 그녀는 중대한 결단을 내리기로 결정했다. 아들과 함께 학교로 향하면서 아이 엄마는 걱정스럽게 자신이 말해야 할 문장들을 반복하며 선생님과의 대화에 신중하자고 스스로를 격려했다.

프랑스 국립사회과학연구소의 소장인 미셸 뒤므가 이야기하는 바대로 **지능지수**는 사고 능력, 예지력, 문제 해결 능력, 추상적으로 생각하는 능력 등을 측정한다.

미국의 심리학자 웨슬러의 사다리 테스트는 프랑스에서 가장 많이 사용되었다. 이 테스트는 나이에 따라 3단계로 나눈다. 6세까지 대략 1시간 동안 웹시르(**WPPSI-R**)라고 불리는 테스트를 받는다. 다양한 주제들에 관한 질문들과 퍼즐과 놀이 같은 유희 활동들에 의해서 성적을 측정하게 되어 있다. 6세에서 16세까지 받는 'WISC III' 테스트는 취학 아동들에 관한 것으로 좀더 복잡하다. 이 테스트 또한 1시간에 걸쳐 시행된다. 이 테스트를 기초로 동일한 나이 그룹의 아이들과 비교한 결과를 비교하면서 지능지수(**IQ**)를 정한다. 16세 이상이 대상인——위와 동일한 원리에서 만들어진——웨스르(**WAIS-R**)라는 테스트는 그보다 더 길어 1시간 30분이 소요된다.

언어와 비언어의 두 가지 유형으로 이루어진 테스트는 다시 세 가지로 나누어져 있다. 전자는 정보·이해·언어·산술·비유 영역에서의 주체들의 적성을 확인한다. 후자는 이미지의 완성과 이미지의 배치, 입방체들과 사물들의 결합, 나아가 암호의 사용에도 근거한다. 테스트 작성은 정확히 시간이 재어지는데 몇몇 아이들에게는 이 사실이 거북스럽기도 하다.

항상 같은
말썽이군!

가우스의 곡선이라 하는 종모양의 곡선은 모집단에 대한 표본 조사의 결과에서 세워진 것이다. 이 조사에서 **IQ**지수 130 이상은 단지 2.5퍼센트만이 얻어졌다.

몇몇의 결과는 다른 것들보다 더 의미가 있다. 중간집단은 언어 테스트에서 아이들에게 더 유리하게 작용할 수 있다. 그와 같은 이유로 몇몇 심리학자들은 '영재성'을 지능지수 125 혹은 120에서 시작한다고 여긴다.

프랑스에서는 지능 테스트 방책이 아직도 풍속화되지 않았다. 테스트 방책은 여전히 어떤 두려움으로 둘러싸여 있다. 모든 정신, 심리를 다루는 심리학자 · 정신분석학자 · 정신의학자는 한결같이 그 점을 걱정한다.

이러한 경계심 때문에 일반적으로 아이들이 단지 '문제'를 보일 때에만 테스트를 받는다. 테스트는 아이들 스스로의 이미지 가치를 높이는 데에도 기여한다. 어려움이 없는 아이들에게도 만약 '재능'이 있다면 학교 교육의 성공을 위한 전략을 마련하게 하므로 추천할 만하다. 마찬가지로 정상적인 두뇌의 아이들이 그들 능력 이상의 것으로의 요구를 받지 않게 하는 데에도 테스트는 유용하다. 뛰어난 아이를 풍성하게 키워야 하는 만큼, 영재가 아닌 아이도 많이 먹여야 한다.

IQ지수를 알려야 할까? 부모들에게는 물론이다. 그들은 그것을 알기 위해 교육 상담원을 찾아온다. 상담원들을 무책임한 사람들로 취급이 돌아오게 하는 모호한 정보를 부모들에게 주어 떠나게 하라. 아이에게도 알려 주어야 할까? 이 점에 대해 심리학자들은 의견이 나누어진다. 숫자는 아이 자신에게 커다란 의미가 없다. 사소한 점에 매달린다는 것은 집단 내에서 문제를 일으킬 위험이 있다. 하지만 아이가 학교 교육에서 실패하거나 스스로를 부정적인 이미지로 여기고 자신이 바보라고 여길 만큼 자신에 대한 믿음이 없고, 완전히 자기 비하하며 나아가 더 이상 자신에게는 미래가 없다고 생각한다면, 자신의 높은 지능지수를 아는 것은 아이에게 있어 구원의 시동 장치를 제공할 수도 있다.

지능지수가 종합 130 이상을 의미한다면 신뢰할 만한 일이다. 아이가 그것보다 낮거나 매우 낮다면 오히려 이 테스트 결과에 대해 시선을 고정하지 않는 것이 더 낫다: 아이가 초조·고통·근심 등과 같은 나쁜 조건에서 테스트 통과를 치렀을 수도 있기 때문이다. 테스트 종합 평가에 있어 부정적인 결론에 너무 의미를 부여한 지나친 신뢰는, 지능지수가 오히려 역효과를 발휘하게 한다. 지능지수로 인해 아이들이 스스로 자기 이미지를 가치하락시키거나 지금까지 문제가 없던 아이들조차 이러한 부정적 이미지를 만들게까지 하는 만큼, 부모들에게도 확고한 것일 수 있다.

많은 성인들은 이러한 연유로 테스트받기를 거부한다. 그들은 실망하게 될까 봐 두려운 것이다.

IQ는 지적인 능력을 측정한다. 몇 해 전부터 미국인들이 **EQ(감성지수)**에 관심을 보이기 시작했다. 감정 감각은 감성에 지배를 받는다. 이것은 자기 절제로 구성되는데, 다시 말해 자신의 충동들을 제어하고 이성적으로 생각하며 역경 속에서도 침착하고 실패에도 견뎌

내는 것이다. 또한 자기 자신의 감정뿐만 아니라 타인의 감정들까지 읽어내는 능력을 말하며, 수량화할 수 없는 인간의 모든 능력(자질)들을 의미한다.

능력이 재능으로 변화하기 위해서는 성공은 지적 능력 이외에 의지·인내·끈기·호기심·창조성과 자신에 대한 신뢰, 성격과 교육에 의해 형성된 가치들이 필요한데, 이것들은 숫자로 평가할 수 없다.

귀머거리들의 대화

　— 선생님, 당신의 충고대로 아이를 교육 상담원에게 데려갔어요. 이것이 의사가 기록한 평가서입니다. 우리 아이의 지능지수가 130을 넘었기에, 그에게는 너무 쉬운 연습 과정에 적응하지 못한답니다. 학년을 월반시켜야겠어요. 이제부터 아이를 유치원의 큰 학급에 넣어야 할까요?

　아이의 잠재력을 고려한 아이 엄마의 겸손한 요구였으나, 즉각적인 반응을 야기시켰다. 여교사는 그것이 마음에 들지 않았다.

　— 하지만 그는 성숙하지 않아요.

　성숙!

　— 무슨 말씀이죠?

　— 공부를 마치면 아이는 놀이를 해요. 혼자 옷을 입을 줄도 모르고 사교적이지도 않아서 친구도 없어요. 더구나 아이는 필체가 나빠요.

　아이의 엄마는 나중에 "너는 그림을 못 그린데"라고 바꿔 이야기하게 될 것이다.

　결국 매우 부정적인 이야기였다. 그러한 분석을 한 후 엄마는 다른 날 아들을 보고, 강요하지 않아야 했을 것이다. 그러나 그녀는 고집했다:

　— 만일 우리 아이가 나이가 더 위인 아이들과 있다면 관심거리를 찾

을 터이고, 그러면 더 현명해지며 놀이 친구를 만들지 않을까요?

— 교장 선생님을 만나 보세요.

아이 엄마는 처음부터 다시 말했다. 하지만 대신 이제 분명히 더 양념을 가미했다.

— 담당 선생님의 충고에 따라 아이를 교육 상담원에게 데려갔답니다. 여기 그녀의 평가서가 있습니다. 그녀가 우리 아이를 중간 단계의 학급에 넣으라고 충고하였습니다.

— 모든 부모님들은 자기들의 아이가 귀여운 천재라고 생각해요! 라고 불만에 찬 태도로 대답했다. 교장은 당황하기 시작했으나 냉정함을 잃지 않았다.

— 전적으로 그런 문제가 아닙니다. 특히 아이는 학습 습득 속도가 매우 빠르고 뛰어난 기억력으로 대단한 호기심과 배우고자 하는 생생한 욕구를 지녔답니다.

— 부모님들은 모두 같은 말들을 하죠. 어쨌든 댁의 아이가 반에서 일등은 아니죠. 그것은 전례 없는 일이 될 테니까요. 이 요구에 장학관은 철저하게 반대할 겁니다. 결론을 말씀드리면 있을 수 없는 일입니다.

결정은 돌이킬 수 없는 칼날처럼 내려졌다.

영재성은 부모들의 환상이 아니다. 과학자들에 의해 알려진 영재아동의 학습에 유용한 세 가지 특징: 높은 유연성의 두뇌, 거대한 기억력, 풍부한 역설 수면(꿈꾸는 동안 자는 잠).

아주 어린아이들은 놀라운 학습 능력을 가지고 있다. 알기 위해 그들은 듣고 보고 체험하기만 하면 된다. 받아들여진 정보들은 마치

물렁한 점토판 위에 새겨지는 것처럼 뇌에 각인된다. 이것이 독일 생물학자 콜만이 '유형 성숙(néoténie)'이라 지칭한 것이다. 이 능력은 두뇌의 성숙에 따라 약해진다. 성인은 배우기 위해 어린아이들에 의해 사용된 것과는 다른 조작법의 수단을 동원해야 한다.

영재아이들은 **놀라운 뇌의 유연성**을 즐긴다. 다시 말해 그들은 젊음의 특징을 오래 간직하면서 주변 환경의 영향에 아주 크게 민감하다는 것이다. 같은 나이의 다른 아이들이 자라면서 그 커다란 지식의 흡수력을 잃어버렸을 때 그들은 여전히 아이와 같은 방식으로 움직이는데, 그것이 다른 아이들에 비해 그들이 앞선 점이다. 영재아이들은 다른 아이들이 나중에야 발견하게 되는 많은 정보들을 이미 초기 몇 년간에 모으기 때문에 차이가 크게 벌어진다. 그후 영재아이의 두뇌도 그리 쉽게 이해하도록 더 이상 허용하지 않을 것이다.

지식이 다양할수록 다른 습득이 쉽기 때문에 그들의 어린 날들 동안 제어를 가하지 않은 것이 매우 중요하다.

기억력은 모든 수련의 기능적인 매체이다. 두 가지 유형의 기억력이 있다. '단기적인 기억력'은 정보를 간직할 필요가 없다고 평가하면 단지 그 정보를 사용하는 시간 동안만 기억한다. 반면 '장기적인 기억력'은 기억과 추억의 흔적들을 남긴다.

일(작업)의 기억력은 기억시킨 정보들 내에서 끌어올릴 수 있는 기억이다. 기억력은 과거와 현재의 종합을 실행한다. 베이징대학의 한 연구자는 영재아이들에 있어 이 두 가지 기억력이 중간층의 아이들보다 훨씬 높다는 것을 증명했다. 또 다른 한 연구자 드 그로의 작업은 아이들에 의해 단기 기억력으로 간직된 정보들의 양과 보유를 나타낸다. 이것은 정상적 지능을 가진 아이들보다 **IQ** 130 이상의 아이들에게서 명확히 더 현저하게 드러났다. 이러한 특징은 그들에게 빠르고 독창적인 기억의 연상을 허용하면서 강력한 일의 기억력을 부여한다.

정보들을 저장하고 조직화하기에 충분한 양의 교육적·가족적 학교 환경이 마련되어야 한다. 이러한 지지의 부재는 기억력이 충분히 효과적일 수 없게 할 것이다. 조숙한 아이들의 기억력은 모든 교과 학습에 커다란 이익을 주지만, 그들의 상상력의 기본이 경계가 없기에 억제된 삶의 상황에 따라 장애를 나타내기도 한다.(**J.–C.** 그루바)

수면에 대한 그들의 연구에서 미셸 졸리베 교수는 수면 단계가 세 개의 사이클로 분석됨을 밝혔다: 잠들기, 깊은 잠, 그리고 **역설적 수면**. 눈의 움직임들에 의해 두드러지는 이 '역설적 수면'이라 이름지어진 것은 진행되는 과정 동안 두뇌 활동은 강력한데 근육은 쉬고 몸은 완전히 긴장을 풀기 때문이다. 그루바 교수의 연구는 역설적 수면과 지능 사이의 연관성을 분명히 확인해 주었다. 그리고 이 역설적 수면 시간 동안 주변 환경에서 얻은, 낮에 저장된 정보들이 다루어진다.

영재아동들은 다른 아이들과 비교해 볼 때, 더 긴 시간 동안 더 자주 역설적 수면 기간을 가진다. 그들은 상당히 조직화된 능력을 가지고 있다. 이 밤의 잠재 의식의 지적 활동은 낮의 학습 작업을 완성시킨다. 아이는 잠자면서 자란다. 그것은 알두 위슬레의 세계에서 최고이다. 이것은 그러나 잠재적이다: 교육적이고 가족적이며 교과적인 환경에 의해 요청될 필요가 있다.

대뇌의 유연성, 기억력, 역설적 수면 등 세 가지 견지에서 주위 환경의 영향은 대단히 중요하다. 가족은 두드러진 영향을 끼치고 학교는 아이의 재능의 실현과 성숙에 있어서 책임이 있다.

어떻게 해야 할까?

저녁 가족회의. 세 가지 생각할 수 있는 해결책이라면:

1. 현상 그대로.

2. 적어도 아이가 다음해 큰 반으로 통과하게 하기 위해, 적보다 먼저 지치지 않기 위해, 모든 힘을 변화하는 조건으로 지칠 때까지 강한 어조로 반복된 대화를 한다.

3. 탈(脫)학교 교육.

세 가지 해결책은 장애가 있어 보이기에 그 중 가장 덜 나쁜 방법을 선택해야 한다.

첫번째 해결책인 '현상 그대로'는 아이를 부모의 지지 없이 완전히 이해되지 못하는 아이 스스로의 운명에 내버려두는 것이다. 학교 교육으로부터 아이를 이탈시키는 것은 아이와 다른 아이들 사이에 도랑을 파는 것이다. 이미 소외된 아이를 더 소외시키게 될 것이다. 혼자 어른들과 생활한다는 것은 애늙은이로 성장할 위험이 있지 않을까?

두번째 방법은 상황이 지닌 모든 위험성과 함께 타협안의 일종으로 보인다. 위험성, 즉 아이에 대한 보복? 그러한 측면에서 위험은 없다. 아이의 여교사는 심술궂은 여자가 아니다. 그녀는 정상적인 교과 과정을 밟는 것이 아이에게 도움이 된다고 믿는 대단한 선의를 가지고 행동한다.

교사와 잘못 시작된 대화를 고집하기 위해 아이의 부모가 충분히 끈기를 보일 것인가?

아이를 위해서라면 그들은 필요한 힘을 찾을 것이다. 경우에 따라 그들은 교대로 움직일 것이다.

이러한 이유로 이 방법이 선택되었고, 아이의 부모는 하교에 아이를 데리러 가는 차례가 올 때마다 교사 곁에서 점점 더 집요하게 굴었다. 부모는 매번 아니 대부분 아이의 '영재성'에 대한 단호한 견해를 가지고 조심스레 접근했다. 여교사가 더 이상 아이들을 유치원 문 앞까지 동반하려 하지 않을 지경이었다. 여교사는 격분했고, 이제 종국에는 그녀의 신념들을 뒤흔들고야 말 이 사람들이 두려웠다. 그러니 결국 그녀는 독한 여자는 아니다. 그녀는 오히려 이 재능 있는 아이를 여전히 비판적이나 덜 부정적인, 다른 방식으로 바라보게 되었다. 여교사는 이제 스스로에게 문제를 제기하기까지 했다.

5월경 아이의 부모는 주된 사항은 그들의 아이가 유려하게 읽을 줄 알기에 담당 여교사 역시 월반이 아이와 유치원을 위해서도 가장 좋은 해결책이라고 생각하기 시작했다는 사항에 강한 뒷받침을 가지고, 학년 규정심의회에 다음 학기 개학에는 아이의 준비 과정반(CP)[2]으로의 통과 희망을 요청했다. 하지만 여교사 혼자만이 이 길을 걸었다. 원장은 아무것도 들으려 하지를 않았다.

학년 월반은 유연성이 부족한 교육 체계에서는 임시방편에 불과하다. 모두 사라져 가고 있는 중이지만 프랑스에는 매우 드문 몇 개

---

[2] Cours Préparatoire 초등학교 준비 과정으로, 학교 교육의 첫 학년에 해당되나 교육은 유치원에서 맡는다. (역주)

의 독자적인 학급들이 있다. 농촌 지역에서 모든 나이대의 15명 가량으로 재구성된 학급이 있다. 여자 또는 남자 교사든 그가 하게 할 수 있는 것을 학생 각자에게 하게 한다. 최근 사부아 지방에서는 만 8세가 미처 안 되는 여자아이가 별 노력 없이 초등학교 교과 과정을 마쳤다. 아이는 학급에서 성적이 가장 우수했다. 나이 문제는 한 번도 제기되지 않았다. 그 아이에게 있어서 교육 과정의 성공과 사회 동화가 나란히 함께 이루어진 것이다.

현재 더 나은 형식은 준비 과정반(CP)과 기초반1(CE1)[3]같이 학급이 두 단계로 이루어져 있는 것이다. 초등교육 준비반에 등록된 조숙한 아이는 동시에 두 가지의 수업을 받는다. 그리고 학급을 월반 하지 않고도 학년말에 기초반2(CE2)을 통과하게 된다. 이러한 체제를 일반화시키는 데 두 방해 요소가 있다: 한 해에서 다음 해에 달라지는 인원으로 구조 유형에 대한 예상이 불분명하게 되고 실제 인원 관리가 어렵다. 게다가 특히 교육자들에게 있어서 25명의 학급 인원을 여러 단계로 나누어 가르치는 데에는 아무래도 어려움이 있다.

다음으로 '월반,' 아이가 자신이 받는 교육 단계에서 아무런 교육적 이로움을 끌어낼 수 없고, 그가 필요한 능력을 이미 습득한 것과 같이, 아이의 교과 과정의 결과가 좋을 때 이것을 요청할 수 있다. 그러나 1992년 6월의 공문에 의해 수정된 1989년 법에 따라 실습 교육과의 단절을 피하기 위하여 한 학년 월반을 고려해야 한다. 아이를 억제하는 것은 아이가 배움에 싫증나게 한다. 그러나 독서 장애아

---

3) Cours Elémentaire. 초등학교 저학년 과정으로 CE1, CE2 등으로 나누어진다. 한국의 초등학교 2, 3학년에 해당된다. 〔역주〕

동들이나 쓰기에 심각한 어려움을 가지고 있는 아이들에 대해서는 몇 가지 주의가 취해져야 한다. 그들에게 위학년에 적응케 하기 위해 요구되는 노력의 추가는 어려움을 가중시킬 수 있다. 권위 있는 의견들로 둘러쌓고 신중해야 한다. 교육 상담원, 발음 교정자, 정신 운동 훈련사, 쓰기 치료사들은 좋은 충고자들이다.

유치원과 초등학교에서는 모든 학급이 월반 가능하다. 하지만 편입위원회는 행정으로 중급 과정1(CM1)[4]의 통로인 6학년[5]을 더 까다로운 6학년으로 만들었다. 그러므로 월반은 선행 단계 학년에서 미리 생각해야 한다.

프랑스 초등학교는 아이들에게 읽기, 쓰기와 계산하기를——프랑스 대혁명가들을 위해서 통과시켰던 이 첫번째 진리를 교육부는 어느 날 상기시켰다——가르칠 의무가 있다. 해마다 이 개념들이 되풀이되고 깊이 연구되고 있다. 영재아이는 곧바로 깊이 파고들 수 있다.

가장 좋은 시기는 아이가 다른 아이들 위의 최고에 달했을 때나 퇴보하기 시작할 때이다. 영재아이는 어려움들과 싸우는 것을 좋아하고 이것을 뛰어넘기를 즐긴다. 모든 문제 해결은 그를 매우 자극한다. 그에게 가르친 모든 개념들을 이미 전부 익혔을 때 그는 싫증이 난다. 아무런 노력도 요구하지 않는 거부자(no man's land) 지대를 그에게 고집하는 한, 그는 성장하지 않는다. 성장하지 않는 아이는

---

4) Cours Moyen. 초등학교 중급 과정. CM1은 우리의 초등학교 4학년에 해당된다. 〔역주〕

5) 유치원 과정 2년을 합한다. 〔역주〕

그는 뛰어날지 모르나 아직 손가락셈을 해.

퇴보한다. 그의 호기심은 둔화되고 배우려는 강한 욕구는 고갈된다. 만일 아이가 학교 교과 과정을 거의 대부분 실패했는데도 부모가 아이의 월반을 요구한다면 이것은 사실 손실적인 상황으로 더 이상 생각할 수 없는 일이다. 부모는 이미 교사에게 아이가 우수한 학생이라고 설득하기에도 쉽지 않으며, 더욱이 아이의 성적이 보잘것없다면 월반은 불가능해진다.

일부의 부모들은 특히 아이가 학급 내에서 친구 만들기에 성공하고 아이가 변화를 꺼려할 때, 사실 월반을 두려워한다. 만일 교사가 월반을 충고한다면 받아들이는 것이 좋다. 물론 아이의 의견을 존중하고 아이에게 월반을 스스로 준비하게 하는 것이 더 좋다.

유치원과 초등학교 교육 과정의 월반은 위험하지 않다. 이 가속(월반)은 중학교 단계에서는 더 모험적이다: 공백의 위험이 가장 덜한 학급이 어디일까? 초등 과정에서는 1명이었지만 이제 어떻게 6명의 선생님들을 설득할까?

결론적으로 당신의 아이가 만일 월반을 해야 한다면, 중학교 때까지 기다리지 않는 것이 좋다.

학년위원회

규칙제정자의 생각으로는 교육 체계에 더 많은 유연성을 가져오려고 학년위원회가 창설되었으나 그와는 반대로 절차가 엄격했다. 위원회는 관련된 학습 단계의 여교사들과 원장, 그리고 관계 분야의 감독관으로 구성되었다. 한 번 더 간결하고 단순한 설명으로 의견이 모여졌다: "아이는 성숙하지 않아요. 글씨체가 나빠요." 단지 아이의 부모만이 이 상황을 이해하지 않았다.

존중받는 모든 법정에서처럼 결정에 항소가 가능하다. 이번엔 지역 학술감독관이 결정을 확증한다. 그가 그의 교육자들을 지지하지 않는다면 더 이상 계급제도는 없을 것이다! 통과 너머에 그들의 의견은 위험함마저 지니고 있다. 그들은 강력하게 조합으로 결성되어 있다. 그들은 모욕을 규탄할 것이다.

문제는 없다. 여전히 두 가지 가능한 방책이 있다:

1. 행정 법원. 그러나 법은 느린 속도로 이미 유명하다. 행정법정 소송은 항소와 상고에 따른다. 그것은 10년 같은 2년 혹은 그 이상이 걸릴 수 있다. 약간의 행운이 따른다면 아이의 결혼식 날, 아이가 마침내 자기가 준비반 허가서를 받을 권리를 인정받게 될 것이다. 이 방법은 결국 절망적인 경우에만 해봄직하다.

2. 중재자. 양식 있는 이 인물은 서류를 검토한 후 준비반 통과를 충고한다. 그의 의견은 의논 상대가 된다. 그가 계속 주의를 기울일까? 기다려야 한다.

2001년 7월 5일 공식 서류 번호 27번에 따르면 "교육부 중재자에 의하면 이 제안서는 세심히 심사될 만하다. 그리고 법을 존중하는 가운데 **대화의 본질과 각 대화자에게 특별한 관심을 지니기만 한다면 제안서는 수행된다.**" 중재자의 의견을 따라야 할 것을 말하기 위한 전적으로 대비문체이다. 그러한 공문의 필요성은 늘 그러하지 않다는 것을 충분히 증명한다. "요구서에 부과된 제한 기한(제안 날짜)을 생각하여 행정에 문의하는 각 우편물이 때때로 즉각적이고 나아가 여러 날을 초과하지 않는 빠른 답변을 받게 하는 데 세밀하게 주의하게 할 것"을 요구하기 위해, 입법부가 2000년 4월 2일의 법(n° 2000-321)이 유용하다고 판결했다.

부모들이 심리학자나 교사의 충고에 따라 아이의 **학급 월반**을 바란다면, 부모들은 그들이 바라는 것을 분명히 제시하고 구체적인 논리의 성격으로 확실한 서류로 만든 편지를 학교에 보내야 한다. 모든 행정 결정은 정당한 근거가 뒷받침하는 증거로 있어야 한다.(예를 들면 과제 노트)

심의회는 교육부에 의한 세 가지 유형의 특별한 능력에 대해 표명해야 한다:

— 다방면의 능력(노트 정리, 파일 정리, 서류 기록, 도구 사용 등).

— 규율질서 능력(지식과 각 과목에 대한 특별한 기초 지식, 수학 등).

— 언어 영역에서의 능력(단어, 문장).

아이의 나이가 어리다고 아이가 이미 숙달한 학습을 다시 익히게 될 학급을 유지하기를 결정할 수 없다. 수업 준비반에 입학하는 나이는 만 6세이다. 그것은 무엇을 의미하는가? 학교는 6세의 아이를 거부할 수 없음을 의미한다. 그러나 그것은 학교에 입학하기 위해서 아이는 6세가 되기를 기다려야 한다는 것을 함축하지는 않는다. '미성숙'과 같은 전적으로 주관적인 논법은 받아들일 수 없다.

학년심의회가 거절할 경우 어떻게 해야 하는가?

학년심의회의 결정은 학술장학사측에서 청원받을 수 있다. 만약 거부 결정이 유지된다면, 이번에는 행정법정의 청원이 남게 된다.

그러므로 행정 법정 재판장에게 수입인지를 붙인 편지가 보내져야 한다. 마찬가지로 다른 편지를 수입인지를 붙여 행정법정의 재판 기록 보관소에도 보내야 한다. 이때 '검토 위급'을 기입하는 것이 좋다. 그리고 판정 집행유예를 위해, 행정상의 가처분 판결 법정 판사에게도 같은 편지를 보내야 한다.

거절의 경우, 청원하기 지친다면 학급 월반을 위해 같은 법칙 사항에 따르면서도 공립보다 더 유연성을 보이는 계약에 의한 사립 기관에 등록하는 것이 좋다. 아이는 배속된 학급에서 학년을 시작한다. 며칠 만에 교사가 그의 수준을 테스트하고 필요한 지식들을 숙달했음을 확인한다. 아이는 학습 습득 속도가 더 적합한 위의 학급으로 넘어간다. 한 가지 부정적 측면은 이미 형성된 학급에 아이가 간다는 것이다. 하지만 아이에게 난이도가 너무 약한 단계에서 초래된 무관심보다는 훨씬 낫다.

몇몇의 경우는 논리적인 측면에서 특히 마음이 아프다. 1월 6일에 태어난 5세의 아이들은 미성숙이라는 이유로 수업 준비반(CP)으로

의 통과가 허용되지 않는다. 만일 이 아이들이 6일 먼저인 바로 전
해의 12월 31일에 태어났다면, 합법적으로 준비반에 입학할 수 있을
것이다. 이 논리는 대략 6일 만에 아이들이 성숙하고 수업 준비반에
서 수업받기에 준비가 돼 있다는 것이 된다.

방학 동안 아이는 이미 글을 쓸 줄 알기에, 매일 베껴 쓰기를 한다.
그러나 매우 느리고 서툴다. 엄마는 아이에게 잘 쓴 줄마다 합성수지
로 된 작은 동물을 보상으로 주었다. 방학이 끝날 무렵 즈음, 그는 작
은 동물원을 갖게 되고 상당한 속도로 정확히 쓰게 된다.

이제 적어도 9월이 되고 개학 전날이다. 수개월 동안 부모는 악착스
럽게 서류들을 만들고 증명 서류를 모아야 했다.

마침내 결정이 내려졌다: '부모 책임,' 준비반으로 아이의 월반이
허용됨.

교육자들은 이 성가신 부모와 한 해 더 마주한다는 것을 꺼렸기에
자신들이 모순이었던 것을 위로했다.

그것은 승리였기에 아이는 좋게 느꼈다. 이 과정에서 아이는 승리
는 결코 쉬운 것이 아니고 거대한 양의 에너지와 용기를 동원한다는
것을 깨닫게 될 터이다. 게다가 아이는 자신의 부모는 이제부터 완전
히 그의 편에 서 있다는 것도 알게 될 터이다.

글쓰기는 영재아동들에게 종종 문제이다. 영재아이는 지적으로 그
의 실제 나이에 비해 5세에서 7세 앞설 수 있다. 그러나 운동감각
적인 측면에서 아이는 실제 나이일 수밖에 없다. 아이의 사고는 자신
의 손보다 매우 빨리 움직인다. 그는 종종 매우 느리다. 아이는 신경

PIEM

질적이 되고 연필을 꽉 쥐고 수축되어 점차로 더 이상 쓰기를 하지 않으려 한다. 그의 앞에 하얀 종이를 두면 억눌려진다.

아이가 쓰기를 배우기 시작하면 읽을 만한 필체를 얻기에는 매우 자주, 약간의 인내심과 끈기면 충분하다. 그러나 때때로 아이의 불안이 너무 크면 재교육이 고려된다.

글쓰기 치료사가 아이를 도울 수 있다. 향상되기에는 대개 긴 시간이 걸린다. 그들의 쓰기 과제는 해독하기가 어렵다.

몇몇 학교는 그들에게 컴퓨터 사용하기를 허용하고, 시험 때에 그들은 어떤 조건하에 초과 시간을 얻을 수 있다. 부모는 학교 소속 의사 곁에서 관할 학술감독에게 특수 교육위원회가 관여토록 요청을 해야 한다.

수업 준비반

종이 붙이기와 그림 그리기, 노래, 낮잠 자기를 아이는 마쳤다. 마침내 아이는 그가 '배우고' 행복해 할 '큰 학교'에 들어설 것이다.

그러나 아이는 아직 모른다. 그의 행복은——주의 깊은 여교사는 첫날부터 그가 예외적인 풍부함으로 조금 다른 아이라는 것을 간파하게 될——기초반1(CE1)이 되어서야라는 것을. 이 선생님을 만나기 전에 아직 아이는 기다려야 할 것이다.

즐거운 학교 가는 길에 그의 발 앞에 서 있는 쇠스랑이 그를 비틀거리게 했다.

준비반은 전보다 더 나쁘다. 유치원에서 그는 별 대단한 것을 하지는 않았지만, 왔다 갔다 움직이고 하얀 토끼와 이야기할 수도 있었다. 그리고 중압감이 매우 심할 땐 노래하고 소리까지 질렀는데…….

이제 사람들은 그가 자리에 고정되어 있기를 기대한다. 다시 말해 그가 경청하고 초보 지식을 반복할 것을 기대한다.

그에게 책을 한 권 주었다. 아이는 책장을 넘겼다. 읽기 차례가 왔을 때, 그는 책의 마지막 장에 있었다. 그는 단숨에 모든 페이지를 읽은 것이다. 놀랍게도 그는 읽을 줄 알았다! 다른 아이들이 첫 페이지에 있을 때 그는 이미 마지막 장에 있었던 것이다.

셈하기가 시작되었을 때, 학급의 한복판이었던 그의 위치가 흩어져 완전히 무너졌다. 여선생님은 칠판에 몇 개의 숫자를 적었고 아이들은 읽을 줄 아는 것으로 기뻐했다. 그녀는 힘을 준 그림과 함께 조심스레 덧셈 문제를 몇 개 냈다: 장미 세 송이 또, 장미 네 송이. 작은 붉고 하얀 장미가 칠판에서 꽃피기 전에, 감탄하고 있는 아이들에게 여교사가 가르치려는 것을 설명도 하기 전에, 교실 구석에서 마치 다가올 30분 안에 폭발하는 불꽃놀이처럼 기대된 답을 들었다. 이제 경악이 절정에 달했다.

이 아이를 어떻게 하지?

— 어떻게 내가 물으려 하는 것을 너는 알았지?

그는 대답할 줄만 알았다.

— 누가 덧셈하는 법을 네게 가르쳐 주었어?

— 아무도…… 나는 뺄셈도 조금 할 줄 아는 걸요.

— 그럼, 아무도 네게 가르쳐 주지 않았다면 어떻게 그것들을 전부 알지?

아이는 선생님을 난처하게 만드는 지능적 경로에 대해 설명하기 시작했다. 시작은 아주 개인적이지만, 답은 거기에 정확하게 나왔다.

아, 이 귀여운 어린 꼬마는 정말 이상하군!

왜 이 아이는 다른 아이들과 다를까? 이 어린아이는 늘 고약한 녀석일까?

뛰어난
아이
가보자!
PIEM

따돌리기

휴식 시간에 아이는 두려움을 가지고, 그러나 의연하게 친구들에게 다가선다. 벌써 너무 오래전부터 그가 겪어야 했던 거부와의 끝장을 보기로 했다. 그러나 운동장에서도 교내 식당에서도 아무도 그에게 다가서지 않았다. 결국 아이는 자기가 읽기와 셈을 할 줄 안다는 것을 밝히는 심각한 실수를 했음을 알았다.

엄마가 그를 찾으러 왔을 때 엄마의 걱정스러운 눈 속에서 괴로움을 읽었다: "오늘은 어땠어?" 용기내어 아이는 웃었다: "아주 좋았어." 그녀를 속이고 싶지는 않았지만 엄마의 슬픔은 거울이 되어 아이의 슬픔으로 반사되었다. 그리고 같은 날들이 이어졌다. 단지 다른 아이들이 놀이를 찾았을 때는 제외하고 말이다: 아이들은 그에게 발길질을 하거나, 다리를 걸어 넘어뜨리고 노트를 더럽히는 등 그를 괴롭혔다. 하지만 그는 아이들을 다치게 할까 두려워 감히 반격하지도 못했다. 아이들이 그에게 하도 온갖 욕설을 퍼붓는 바람에 종국에는 그가 이 방면에도 많은 어휘를 습득하게 되었다: 미생물·모기·반푼이·난쟁이·바퀴달린 펭귄 등등.

어른들은 학교는 사회화의 장이라고 지겹게 반복한다. 하지만 사회화가 발길질당하는 것을 내포한다면 그에게 사회화가 어떻게 유용할지 그는 모르겠다.

그가 맞은 주먹질로 유달리 멍으로 뒤덮인 어느 날 저녁, 그의 아빠가 나지막한 소리로 그와 마주한다: 아빠는 아이에게 말하는 것을 아내가 듣기를 바라지 않았던 것이다.

— 누가 그랬어?

— 내 친구들이.

— 어떤 친구들이?

— 대장과 그의 부하들이.

— 대장이 누구니?

아이는 아빠가 안면으로 알고 있는 한 아이의 이름을 언급했다.

— 하지만 그는 너보다 훨씬 작고, 너보다 매우 약해!

— 맞아.

— 그럼, 내일은 네가 그 아이를 때려 줘. 그러면 더 이상 너를 괴롭히지 않을 거야. 그리고 다른 아이들도 겁 먹을 거야.

— 아, 아니야. 그러면 그 아이가 아플 거야.

— ⋯!

이 아이를 위해 무엇을 하겠는가? 그는 비폭력주의자이다.

아빠가 제안한 해결책은 그에게 적합하지 않았다. 그러나 그것은 더 이상 지속되지 않았다. 아빠가 옳았다. 같은 날 저녁, 침대에서 그는 하나씩 하나씩 그가 시도할 여러 개의 군사 작전 계획을 세웠다. 아마도 그 가운데 하나는 좋지 않을까?

그는 다른 아이들보다 머리가 길었다. 삼손이 그러했던 것처럼. 다른 친구들과 대화하는 데 방해되는 풍성한 머리숱 때문에 그의 기이함

이 강조되지 않는 것은 아닐까? 다음 날 그는 머리를 자르러 갔다. 그렇게 그는 "자신의 지식을 아이들과 함께 나누게" 될 것이다. 그의 새로운 머리 스타일은 아이들을 '하루 아침'은 놀라게 했다. 이 계획은 좋지가 않은 것 같다.

아이는 매수(買收)를 이용하기로 했다. 킨더 초코과자로 주머니를 채웠고, 아이들에게 그 비축물을 나누어 주었다. 아이들은 먹는 동안은 얌전했다. 결국 이 계획 역시 좋지는 않았다.

아이는 친구들을 집으로 초대했다. 그는 다행히도 컴퓨터 조작대가 있다: 모든 아이들은 새로운 공학을 좋아한다. 몇몇 아이들이 와서 놀았다. 그러나 다음 날, 운동장에서 그들은 여전히 예전처럼 그에게 불쾌하게 굴었다. 마치 그들의 전날의 배신을 용서되게 하려는 것처럼 아이에게 돌을 던지고 '똘똘이'라고 우롱했다. 아이들은 사실 그의 좋은 성적을 용서하지 않았다.

아이는 점점 더 부모가 자신의 따돌림당함에 불행해 하는 것을 느꼈다. 그래서 전략을 완전히 바꾸기로 결심했다. 마지막 기회의 계획이 세워졌다.

예전에 아이들은 그들의 친구들 가운데 하나를 격리시키며 따돌렸다. 오늘날은 더 이상 그러한 방법으로 그룹에서의 축출이 적용되지 않는다. 그러나 더 교활하고 더 효과적이다. 이것을 겪게 되는 아이는 고통이 매우 크다.

아이들은 그들의 약함을 고백하는 것에 자주 부끄러움을 느낀다. 그 아이들은 거부당하고 잘못 대해졌으며 실수를 떠맡는다. 그들은

잘하면 빵점을 받겠구나!
네, 친구들을
기쁘게 해주려고요.
PIEM

자신의 세계에 틀어박히고 그들의 부모는 그들이 겪고 있는 비극을 의식하지 못한다. 그들은 가슴에 놓인 이 무게를, 때때로 자신도 모르는 사이 속내 드러내기에 의해서만 내려놓을 수 있다.

아이들은 자연발생적으로 순응주의자들이다. 그리고 받아들여지기 위해 그들은 모든 희생을 할 준비가 되어 있다.

퇴 보

“지적이라는 것의 이점은 바보짓을 늘 할 수 있다
는 것이다. 하지만 반대의 경우는 절대적으로 불가능
하다.”

우디 앨런

만일 아이의 ‘차이’가 그를 외롭게 하고 가족이 고심한다면 이 차
이를 지워 버려야 한다. 내일은 아이가 “어버버~” 하고 읽을 것이다.
그는 다른 모든 아이들이 이해할 때까지 그가 이미 이해한 것들을——
수업이 끝나자마자(미처 끝나기 전에) 그가 이미 모두 흡수했고, 배우
기가 필요 없으며, 겨우 막 제기된 질문에 정확히 답변할 수 있다는
것 모두를——드러내지 않고 있을 것이다. 때때로 그는 학급 아이들
을 웃기려고 어리석은 짓 몇 개를 풀어 놓기도 할 것이다. 그는 더 이
상 자신의 지능지수를 족쇄처럼 달고 다니고 싶지 않다. 사람들은 그
가 재능이 있다고 말했다. 하지만 그는 친구를 얻기 위해 오히려 재능
을 포기할 것이다.

그는 결국 퇴보를 착수할 것이다. 그는 이 기술에 뛰어났다. 집에서
책읽기를 금지했다. 아이는 빠르게 더 이상 읽을 줄 모르게 되었다.

그는 멍청해졌다. 부모가 그를 위해 파리 이공과대 학생[6]의 이각모에 열망하는 동안 아이는 당나귀모자[7]만을 꿈꾼다. 이러한 희생의 대가로 우정을 얻을 수 있을지조차 확실치 않다. 하지만 많이 나아졌다. 그는 더 이상 아이들로부터 맞지 않았고 완전히 제외되지도 않았다. 그것만 해도 이득이었다.

그와는 반대로 그의 부모는 이토록 걱정해 본 적이 없었다. 이 아이에 대해서 아무것도 더 이해할 수 없었다.

---

6) 폴리테크니시앙(Polytechnicien): 프랑스 국가를 이끌어 갈 인재들로, 동시에 국제사회에 적합한 인재를 키우는 것이 목적인 그랑제콜 가운데 하나이다. 이론과 실기를 겸하는 교육 체계로 수재가 모인 곳으로도 유명하다. 〔역주〕
7) 공부 안 하는 학생에게 씌워 주던 헝겊모자. 〔역주〕

다시 교육 상담원과 만나다

"당신의 아이는 나이가 더 위인 친구들에게 더 잘 받아들여질 겁니다. 그의 관심은 그들과 더 가까이 있을 테니까요. 수업중에 그는 지력이 쇠퇴하고, 지겨워 죽을 지경입니다. 꼭 아이의 지능을 키워야 해요. 더 나은 방법이 없으니 또다시 월반을 해야 합니다."

교육 상담원에 의한 평가서는 걱정스러웠다. 그녀는 응급 변동을 강조했다.

19…년 12월 13일 P…

초등학교

P… 78

에르네스트 L… 1번지

L 부부께

78 P…

M.C. 거리 10번지

주제: 학년위원회의 결정

L 부부 귀하,

현재 수업 준비반을 맡고 있는 **R** 부인 학급에서 공부하고 있는 댁의 자녀의 교과 학년 관련 교사심의회 결정을 알려드립니다.

예상한 바대로 귀하의 최근 편지를 주의 깊게 다시 읽어본 후, 새로이 위원회는 댁의 아드님이 첫 학기 수업 동안 해낸 학습 과제들에 대해 아주 세밀히 검토해 보았습니다.

아드님의 과제를 보면서 다음과 같이 확인했습니다:

— 수학 영역에 있어서 분명한 능력이 있다.

— 프랑스어 능력은 정확히 수업 준비반(CP)의 단계이다.

— 많은 다방면의 능력들은 아직 진행중에 있다.(과제물, 노트하는 법, 파일 다루기, 학습 도구 사용 등등)

따라서 귀하의 아드님은 해당 교과 과정의 마지막 학년도 학습을 위해 수업 준비반(CP)에 머물러 있을 것을 결정하였습니다.

한편, 댁의 자녀의 수학 능력을 감안하여 일주일에 한 번씩(금요일 오후 1시 30분에서 2시 30분까지) **Ch**⋯ 선생님의 기초반1(CE1)에서 공부할 것을 제안합니다.

그곳에서 귀하의 아드님은——그의 능력을 보존하고 발전시키게 할——문제 해결과 이성적 활동들을 실행하게 될 것입니다.

두 분께 정중하게 인사를 드리는 바입니다.(敬白)

회장   교장

(공증 사본: 위와 같은 서류는 조작될 수 없다 등등)

새로운 월반 요청

심리학자의 평가로 무거워진 서류는 새로이 학년심의회에 제출되었다.

새로이 다시 거절되었다.

논법은 덜 간략했으나 예리했고 제안한 해결책은 초현실적이었다.

아이의 부모는 걱정을 하면서 '등등'에 대해 그들 스스로에게 물었다.

그들은 마침내 모든 논법을 반박하기로 결심했다.

아이를 재운 후, 밤의 고요함 가운데 부지런히 '작업'을 시작했다. "수학 영역에 있어서 분명한 능력이 있다"에는 다시 뭐라 할 말이 없다. "프랑스어 능력이 정확히 수업 준비반(CP)의 단계"라는 문구에 부모는 정말 이 항목이 아들의 경우를 말하는 것인지 스스로에게 물었다. 그리고 대체 몇 명의 아이들이 유려하게 읽을 줄 알면서 준비반에 오는지도…… '준비반 단계가 정확'이라, 이 경우에는 너무 엄격하군! 아이의 언어구사 능력을 뒷받침하는 증거를 가지고 보면 이것은 아무 근거 없는 의견이다. 아이가 바캉스를 떠나면서 "서둘러(hâte)"[8]를 말한 것이 3세 반이었다. 그가 자전거 배우는 것을 할아버지가 도와주는데 '유능'하지 않음을 비난한 것도 그때이다. 자유로운 동사 변화의 아이의 귀여운 단어는 듣는 이에게 해를 끼치지 않을 것이다.

"기초반1(CE1)에서 일주일에 1시간"이라…… 아이의 부모는 학기 초 교사와의 상담을 기억해 냈다. 그때 말한 용어 표현들을 잊지 않기 위해 그것들을 적어 놓고 잘 정리해 놓았는데 오늘에서야 마침내 꺼내 본다:

"9월 15일,

아이가 수학적 활동을 위해 기초반1, 또한 기초반2 단계를 따라갈 수 있는 능력이 될 것이라 생각한다.

게다가 나는[여교사] 심의회에 아이의 월반을 제안하려…… 생각했으나, 체육 시간[9] 같은 수업 시간에 모든 수학 시간을 맞출 수가 없다. 일주일에 3시간의 수학을 하면서 아이는 수학에 있어서 '장벽을 없앨 수' 있을 것이다. 초기에는 그러하나 차후 아마도 시간을 더 늘려가며 다른 과목들까지도…….."

그렇다면 왜 아이의 반을 바꾸지 않을까? 그것이 더 간단할 텐데. 아마도 여교사는 복잡한 것이 간단한 것보다 더 쉬웠나 보다.

다음은 당시 시작도 하지 않은 '장벽을 없애기' 문제에 대해 제기된 여교사의 10월 15일자 답변이다:

---

8) 프랑스어를 익히는 데 있어서 동사 변화가 까다롭다는 것은 이미 알려진 일이다. 어린아이가 화법에 있어 명령법을 이해한 정확한 동사 변화를 시켰다는 데 놀라운 일이라고 여긴다.〔역주〕
9) 프랑스에서는 체육 시간이 의무적이다.〔역주〕

"계획을 실행하기에 시간이 필요합니다. 너무 서두르지 마세요. 귀하의 아드님은 수학적 사고 논리를 문법과 같은 다른 영역에도 변환시키는 것을 익혀야 합니다. 교사인 저 역시, 귀댁의 아이에게 다른 과목의 학습도 필요하다는 것을 납득하고 싶습니다. 모든 것에 아주 관심이 많은 아이입니다. 그에게 아주 쉬운 것이라도 그는 포기하지 않고 즐기며 열의를 가지고 대답합니다[그것은 학기초였다. 지금은 아이가 모두 포기했다. 그리고 여교사는 덧붙였다]. 아이에게 늘 개별적인 과제를 가져다 줄 물질적 방법이 저는 없어요. 아드님은 항상 무언가를 할 필요성을 가지고 있는 과도하게 활동적인 아이입니다."

'과도하게 활동적'에 대해 그녀는 무엇을 알고 있을까? 그러나 '과도한 활동'과 '수학적 사고 논리'는 우리 아이가 교육대학으로의 통과 과정을 의미한다. 그녀가 체육 수업을 할 때 공의 '튀는 관성' 놀이를 제안해야 한다.

3시간으로 제시된 시간이 아이의 전체 수업 시간의 30퍼센트인 1시간으로 줄어들었다. '다방면으로의 능력'들이라면 아이가 이것들을 수업 준비반1에서 취득하든, 기초반1에서 취득하든 무슨 차이가 있겠는가?

사실 이 '가여운' 여교사는 교육대학을 갓 졸업한 어린나이의 풋내기 교사이다. 그녀는 당장 사용할 수 있는 수단을 가지고 아이를 도우려 했지만, 첫번째와 두번째 부모와의 면담 사이에 소환당해야 했다. 아마도 학년심의회에서 그녀의 의견이 중시되게 하지는 못했을 것이다. 아니 어쩌면 의견을 표현하지도 못했을지도 모른다.

그러면 이러한 상황에서 아이는?

아이에게 이익이 되는 관점에서 중재자들이 제도상의 논리에 갇혀 있다면, 그들을 구태여 끌어들여 뭐하겠는가? 더구나 그들은 알아보려 하지도 않는다. 교육대학 교수인 학술원 여자 장학사가 방문했을 때, 아이의 부모는 정보를 얻기 위해서 장학사에게 '영재아이'에 대한 학회보고서들에 대해 다시 생각하도록 했다. 그녀에게는 불필요해 보이기에 불쾌감까지 지니며 무시하고 거부했던 서류들을 다시 검토하기를 빌면서. 이 아이는 **영특하고 장래성**이 있고 다른 아이들과는 **다릅니다.** 게다가 장벽을 없앨 것 같지도 않습니다. 문장 끝마다 아이의 차이점을 강조하며 그를 소외시키는 것은, 모든 그룹에서 그를 제외시키는 가장 최고의 방법이 아닐까?

아이의 부모는 여전히 지난해의 '전투'를 되돌려놓지 못했기에 결국 포기했다. 그들은 계획한 편지를 보내지 않을 것이고, 기다릴 것이다.

그들은 방학 동안 아이와 함께 컴퓨터 · 문화관광 · 도서관 · 극장 · 박물관 관람 등을 하면서 그 일을 다시 착수했다.

아이는 여전히 다른 아이와 달랐고 조숙했으며 장래성이 있고, 재능이 있으며 뛰어났지만, 장벽을 없애지 못하고 바보짓하기를 포기했다. 마침내 자신들의 아이를 되찾은 아이의 부모는 커다란 기쁨으로 새로운 질문들이 쏟아졌다.

어느 날, 열의를 가지고 아이는 자신에게 '다양한 방면의 능력'을 가르쳐 줄 것을 부모에게 요구했다.

늘 같은 녀석
이니, 간단하군!
PIEM

모든 부모가 아이에게 이러한 **문화적 능력**을 가져다 줄 가능성은
분명 없다. 이 풍부함은 시간이 필요하고, 경제 능력과 함께 문화
적 · 지적 이해력은 모두의 능력 범위 안에 있는 것은 아니다. 영재
는 사랑받는 학급의 전유물이 아니다. 하지만 그는 모든 사회 계층
에 존재한다. 주변의 자극이 없는 재능은 쇠퇴될 위험이 있다.

외부적 도움은 인기 있는 문화 보급반의 아이들과 다른 학급 아
이들 사이에 구덩이를 파는 것이다. 그래서 학교는 조숙한 아이들
이 자신의 적성을 최적화시키는 데 도와줄 의무가 있는 것이다. "각
자에게 각자의 필요성에 따라." 교육부는 학생들의 다양성을 염두에
둘 필요성에 대해 강요한다. 그러나 학년심의회는 왜 교육부 장관의
명령을 따르지 않는 것일까? 배우기를 갈망하는 아이들의 학급 월반
을 그들은 왜 그토록 거절하는 것일까?

자상한 여교사

　9월이 되자, 아이는 '퇴보'하여 학교를 갔다. 그곳에서 아이는 자상한 여선생님을 만났다. 아, 이 여선생님을 아이는 절대 잊지 못할 것이다. 아이는 마침내 빛을 발했다. 그것이 바로 학교의 기적이다.

　그녀가 자신을 위해서만 수업을 하는 것 같은 생각마저 아이는 들었다. 여교사는 아이의 눈에서 아이가 그녀에게 보내는 보답인 배우는 즐거움과 이해의 기쁨을 읽을 수 있었기에, 새로운 개념에 접근할 때마다 계속해서 그녀의 시선은 그에게 갔다. 아이는 여선생님의 관심을 끌고 자기 혼자만 그 관심을 독차지하고 싶었다. 그녀가 좋은 선생님인 것처럼 다른 아이들을 위해서도 새로운 교과 내용을 반복할 것이다. 하지만 그 아이에게는 다른 것을 하도록 했다. 그녀의 '두 갈래 배낭' 속에는 항상 지적놀이, 자각 훈련, 권장 도서, 발표 제안과 같은 것들이 있었다. 더 이상 아이는 전혀 싫증이 나지 않았다. 오히려 축제에 가는 것과 같은 기분으로 매일 아침 학교에 갔다. 아이가 이번 학년에는 공부와 화해를 했다. 여교사가 다른 아이들을 과소평가하기 위해서가 아니면서 그를 더 가치평가하기를 결코 잊지 않았기 때문이다. 처음으로 그는 학급 친구들에게 받아들여졌고 그들의 공부를 도와주는 기쁨마저 가졌다.

학년말, 여교사 자신이 학급 월반을 제안했다. 그녀는 동료 상급반 교사들에게 말하고 파뇰의 시대처럼[10] 수업 준비반1로의 월반이 고통도 심판도 없는 가운데 이루어졌다.

계속되는 2년 동안 아이는 시간을 낭비했지만 아무도 그를 불행하게 하지는 않았다. 그는 학교 밖에서 지적으로 영양을 공급받을 뭔가를 찾았다.

모든 교사 단체가 결정적으로 그 아이가 우수한 학생이고, 여러 단계의 학급 월반이 아이에게 유리했다고 인정했다. 더구나 나아진 점은 교사들이 아이의 신비로움을 밝히려고 그 아이를 연구하기 시작했다는 것이다. 그들은 영재아이들에 대해 인터넷 사이트를 참조하기도 하고, 대회나 학회를 참석하면서 그들에 대한 추천된 글들과 친숙해졌다. 교사들은 그를 관찰했다. 아이는 대단한 추상 능력을 가지고 있었다. 그는 유추하여 추리했고, 종합 능력을 가지고 있으면서도 섬세한 분석을 할 줄도 알았다. 그의 관심은 선택적이었다. 집중할 때에는 그는 전부를 기억하기도 했다. 아이는 전혀 공부하지 않는 것 같은 느낌을 주었다. 사실 아이는 실제적으로 공부하지 않았다. 그는 수업 내용을 한 번 듣고 알았다. 시(詩)를 한 번이나 두 번 읽고는 암송했다.[11] 수학의 속도는 섬광 같았다. 그는 교사의 지시를 늘 따르지는 않았으

---

10) 마르셀 파뇰(Marcel Pagnol, 1895-1974) 우리나라에서도 제법 알려진 소설가 · 극작가 · 영화감독이다. 특히 제1차 세계대전 전 · 후의 프랑스 사회 생활상을 섬세한 기법으로 그렸다. 그 당시 남부 프랑스의 엄격한 교사 중심으로 운영되던 초등학교 교육의 모습을 볼 수 있는 영화로 〈마르셀의 여름〉(1990)과 그 후속작인 〈마르셀의 추억〉(1991)이 있는데 파뇰 자신의 어린 시절 이야기를 담은 것이기도 하다. 〔역주〕

11) 프랑스는 국어 교육의 중요성을 강조하는 교육 방침의 하나로, 특히 초등학교 과정에서 시(詩)낭송과 암송을 의무적으로 시키고 있다. 〔역주〕

나 자신이 아는 것을 나타내는 방법은 매우 독창적이었다. 때때로 놀랍고 매우 효과적이기까지 했다. 그는 굉장한 기억력을 가졌다. 그의 호기심은 지칠 줄 모르는 것 같았다.

수수께끼 같은 아이이다.

반 친구들은 다만 다른 아이들이 그를 몹시 좋아하는 것이 아니라면, 더 이상 그를 거부하지 않았다.

우리들 모두의 기억 속에는 우리가 동화되기를 좋아하는 어떤 선생님에 대한 것을 갖고 있다. 잘 배우기 위해서는 교육자와 감정적인 관계를 가져야 한다: 아이들은 자신들의 여선생님을 사랑할 준비가 되어 있다. 그녀에게서 아이는 지식을 기대하지만 사랑도 기대한다. 아이들은 더 이상 교육을 받지 않을 때, 기쁨과 행복으로 이러한 것들을 보게 된다. 그 여교사가 만일 가장 지루한 주제를 유희적인 형태로 소개할 줄 안다면, 학생들의 무조건적인 지지를 얻을 수 있다.

수요일의 특별 활동

학교 교육 교과 휴식의 날인 수요일은[12] 모든 엄마들에게는 자녀들의 활기 회복을 의미한다. 특히 영재아동의 엄마인 경우 광적인 질주의 날이다. 아이는 축구로 아침을 일찍 시작하고, 그리고 솔페주로 음악 기초 교육을 받는다. 작은 영어 회화 그룹, 루브르박물관 관람, 합창, 유도, 피아노까지 아이는 모두를 맞보고자 한다. 그러나 선택을 해야 한다. 수요일 시간은 늘어나지 않으며 한 해도 마찬가지일 테니까.

아이는 유도클럽에서 최고이다. 사범은 그의 귀에 대고 반복한다: "너는 도장의 자랑이다. 너는 꼭 이겨야 해."

합창 시간은 그가 일주일 내내 기다리는 근사한 시간이다. 합창대와 연대 의식의 문제이기에 그는 약속을 어길 수가 없다. 그는 노래하는 것을 좋아하고 그를 더 이상 거부하지 않는 멤버들의 중심에 있다. 만일 그가 시간이 조금 더 있다면 이곳에서 친구들을 찾을 수 있을 것이다. 축구 역시 사람들은 그에게 기대한다. 그가 단체 운동을 좋아하는 것은 아니다. 하지만 그것은 소외되지 않기 위한 방법이다.

---

12) 프랑스는 초등학생의 경우 수요일에 학교를 가지 않는다. 이 날은 주로 가족을 동반한 예술 특기 교육, 신체 단련, 역사와 문화적 체험의 시간으로 활용된다. [역주]

저 나이에는 피아노
칠 생각만 하는 게
정상이죠.

루브르박물관은 그에게 기적과도 같다. 그는 모든 전시실을 자주 드나들고 싶다. 아이는 상형문자를 유심히 보고, 벌써 모자이크 전시실에 곁눈질을 했다.

그가 최고의 학생이 될 것을 예상하는 교장의 간청에도 불구하고, 국립고등음악학교에서 하던 피아노와 솔페주는 서둘러 그만두었다. 이제 주간 동안 한 음악 교수를 집으로 오게 했다.

그만큼 엄마는 더 이상 시간이 없었다. 아이의 대회, 시합, 성가대 참가 덕택으로 모든 행정 구역을 알게 되었다. 내일은 프랑스 전체를 왜 알지 않겠는가?

기진맥진하여 지칠 때, 아이 엄마는 마음이 잘 맞는 한 친구에게 자신의 하루 일과를 이야기했다. "왜 그렇게 아이를 몰아대? 왜 아이의 변덕을 다 받아 줘? 어느 날 아이가 어떤 활동을 하기를 바라고, 그리고는 그것을 포기하고. 아이의 사고에는 계속이라는 개념이 없어. 네 아들은 종국에는 아무것도 못할 거야. 도락을 취미삼아 살아가게 될 거야. 그에게 놀 시간을 줘. 어린 친구들을 만날 시간을……."

이 말 속에는 얼마나 많은 질투가 있는가? 어떻게 엄마가 아이를 부추기고 있는 것이 아니라고 설명할 수 있을까? 오히려 아이가 그녀를 잡아당기는 것이라는 바를. 그리고 아이에게는 자신의 지식들을 풍부하게 하는 것이 바로 기쁨의 원천이라는 것까지도.

어떻게 아이가 모두를 하고자 한다는 것을 이해하게 할 수 있을까? 아이가 더 이상 할 시간이 없어 마지못해 활동들과 멀어지는 것이라고.

어린 친구들? 아이는 친구가 없다. 어린아이들을 매우 기쁘게 만드는 간식 시간에 아주 드물게 초대하는 아이들을 제외하고는. 그러나 아이는 초대할 친구조차 많지가 않다.

　이와 같이 많은 이해할 수 없음에 엄마인 그녀 역시 거부당하는 것이 아닌가 하고 자문하게 되었다. 하지만 상관없다. 그녀는 아들이 행복해하는 것을 보는 것이 즐거웠다.

형제자매

그동안에 집안에 여자아이 하나가 태어났다. 부모는 이미 진하게 획득한 체험으로 딸아이가 3세 반이 되자마자 IQ 테스트를 위해 교육상담원에게 데려갔다. 그녀 역시 '영재'였다.

부모는 학급 월반 절차에 숙련되어 있었다. 얼마 동안 그들은 영재아동단체의 자문위원까지 되었다. 그들은 자신들에게 아주 만족한 결과를 얻게 될 '견고한' 서류 구성을 문의하러 오는 다른 영재아동 부모들을 도왔다. 아주 약간의 경우에만 그들에게 버텼다.

큰아이가 마침내 만족감을 주기에 어린 딸을 아들과 같은 학교에 등록시켰다. 오빠와 마찬가지로 여동생도 학교 첫날부터 새로운 학생들에 대한 정보를 읽으면서 유달리 눈에 띄는 행동을 했다. 책상의 다른 쪽에 앉아 기록부에 여교사에 의해 달린 주석을 거꾸로 풀어내고 있었다. 이 여자 아이는 읽을 줄 아는 것이다. 그것도 거꾸로!

〈마르셀의 여름〉에서 마르셀 파뇰은 어린 시절 학교 첫해의 추억을 그렸다: "소란스런 아이들이 목쉬게 떠드는 동안 나는 평화롭게 미소지으며 입을 다물고 있었다. 눈 감고 환상을 품었고 보렐리 공원을 산책하고 있었다." 파뇰처럼 이 여자아이는 수업이 싫증날 때 꿈꾸기 시작했고, 그것은 아무에게도 방해되지 않았다. 게다가 그녀가 꿈에서

깰 때는 다른 학급 아이들과 같은 지식 상태로 돌아왔다. 그녀의 노트는 잘 정리되어 있었다. 이 여자아이는 과제하는 데 교사의 지시를 잘 따르고 있었던 것이다. 결국 아이는 여교사들에게 잘 받아들여졌지만 그녀들은 이 여자아이의 '엄청난 부주의'는 불평했다. 이 아이는 모든 것을 잃어버렸다: 책·연필·외투·모자 등. 항상 별나라에 있으니 당연한 일 아니겠는가?

그녀에게 더 주의해서 제재를 가하기 위해 어느 날, 여교사는 몇몇 동료들과 함께 소규모 교과회의를 조직하여 이 건망증을 성대히 의식을 올려 '축하'하기로 결정했다. 이 모임 앞에서 학생은 심판을 받게 될 것이다. 여교사의 생각으로는 이 '심판'을 통해 아이는 견책될 것이고, 자기 물건들을 잃어버리면 안 된다는 것을 기억하게 될 것이라고 믿었다. 빼어난 일꾼은 좋은 연장들을 가지고 있지 않은가. 소환장에 여자아이가 참석해야 할 날짜와 시간이 정해져 놓여졌다.

정해진 시간에 학생들은 없고 집회만이 기다렸다. 아이들은 전혀 없이. 다음 날 여자아이는 회의에 결석한 이유를 묻는 교사에게 이렇게 대답했다: "잊어버렸어요." 결국 여교사는 그 아이에게 강요하기란 아무런 소용이 없다는 것을 알았다. 이 여자아이는 이 부분에서는 구제 불능이다.

부모 서재에서 그녀는 흑백의 삽화에 붉은색과 얇은 금테를 두른 아주 오래된 전집을 발견했다. 그녀에게 이 책들은 어떤 마술과도 같았다. 학급의 다른 친구들이 골도락의 모험이나 《암탉의 신비》를 읽고 있을 때, 그녀는 세귀르 백작부인을 읽었다. 겨우 8세에 작가의 시대에 맞지 않는 문장 양식에 물든 아이는 어느 날, 같은 반 아이들 모두 앞에서 자신도 모르게 다음과 같이 말하게 된다: "내가 거리낌없이 발표를 하게 될 것이야!" 그러자 모두가 갑자기 웃음을 터트렸다.

이 사건 이후 그녀는 끊임없이 모든 종류의 독설을 들어야만 했다. 그녀는 이제 자신과 다른 아이들을 갈라 놓는 차이가 얼마나 큰가를 알게 되었다. 더구나 그녀는 '거리낌없이 잘 준비한' 투표의 권리에 대해서 발표했을 때, 그러한 생각이 확실하게 강해졌다. 매우 심각한 주제에 결국 학급의 누구도 관심을 가지지 않았고, 아무도 듣지 않았다. 그녀는 발표를 마치기를 포기했고 자기는 결코, 그들과 같은 문제에 관심을 가질 수 없으리라고 스스로에게 말했다.

그녀는 오빠보다는 더 많은 친구가 있었다. 그러나 그처럼 체념하고 받아들였다. 그녀는 결정적으로 상관없다고 생각했다.

그녀의 부모는 그들의 딸이 아들보다 더 온순하고 더 통제력을 가졌다는 것을 확인했을 때 놀라고 행복했다.

영재의 형제자매는 모두 '영재'일까? 어떻게 수십억의 신경세포의 조합이 같은 방식일 수 있겠는가? 이것에 대해 어떤 예측도 되지 않았다. 그러나 종종 한 가족에 여러 명의 아이들이 영재라는 것을 보여주는 통계가 있다. 그러나 단순히 주변 환경의 문제가 아니다. 그렇지 않다면 같은 가족의 형제자매 모두가 영재일 것이다.

영재가 아닌 자녀들 가운데 한 아이만 영재를 둔 부모는, 이 차이를 다루는 방법에 대해 늘 걱정한다.

다음과 같이 여러 가지 경우가 나타날 수 있다:

1) 장남이 영재인 경우. 아이는 학급에서 좋은 성적을 받고 자극적인 놀이를 하고 가장 다양한 방향의 해결책을 찾는다. 계산하고

똑똑한 것은 분명하나,
실수투성이군!

읽을 줄 아는 그는 자신의 형제자매들이 미치지 않는 거리에 관심의 중심을 가지고 있다. 일반적으로 어린 남동생들이나 어린 여동생들이 감탄을 나타낸다. 그들은 이미 자연스럽게 그러하다. 그들의 부모는 '다른' 사람의 경우도 고려하기에 한 번도 '매우 뛰어난'이라는 표현을 쓰지 않는다. 하지만 형제자매는 자랑스러워하는 장남의 우월성을 강조한다. 그들은 이미 자연스럽게 그러하다. 왜냐하면 동생들은 그로부터의 도움과 보호를 기대하고, 장남은 동생들 사이에서 첫째 자리의 영향력이라는 혜택을 입는다. 형제자매는 그들이 자신들의 친구들과 있을 때, 이 '영재' 형(오빠)을 언급하기를 좋아한다. 그들의 눈에 그가 하는 모든 놀라운 것을 다른 사람의 눈에 띄게 하는 것을 좋아한다. 그것이 그(영재)의 거대한 지적 능력을 함께 나누는 그들의 방식이다.

2) 장남이 영재가 아닌 경우. 상황은 더 복잡해진다. 장남은 그가 유일한 아이였던 가족의 구조를 마비시키러 오는 동생들의 탄생을 질투할 수 있다. 동생들이 태어나기 전에는 부모가 그 혼자만의 전유물이었으니, 이 침입자와 함께 부모를 나누어 가질 이유가 없다. 더구나 만일 새로 태어난 아이들이 '우위에'(늘 이 단어로 '차이'를 표현한다) 있음을 드러낸다면, 큰아이의 불안정과 질투는 그를 심각하게 약화시킬 것이다.

부모는 신중해야 한다: 이 특수성에서 나온 어려움을 제거해야 한다. 비결이 없다. 아마도 영재가 그의 형제자매들의 지대에 쫓으러 오지 않도록 한다는 조건 아래에, 플루트(악기)·축구·그림·경주 등과 같이 형제자매 각각이 재능을 꽃피우고 성공할 영역을 찾는 것이다. 그럼에도 그가 무릅쓰고 한다면 다른 형제들보다 더 성공할 것이기에, 다른 자녀들에게 기대한 결과는 만들어지지 않을 것이다.

자녀들에게 그들의 지능지수가 알려지지 않았을 때 이러한 노력은 쉬워진다.

3) 자녀들 모두가 영재인 경우. 아이들이 자신들의 자율성을 가질 때까지의 길이 멀기에, 부모는 아이들 스스로가 그들 자신의 건강에 주의하고 그들끼리 알아서 하도록 내버려둔다. 자율성을 얻기 위해선 그들 모두는 그들의 힘 전부가 필요할 것이다.

행동과 교육 문제에 있어 일반화시킬 수 없지만, 특히 사춘기와 성장기에 남자아이들과 여자아이들의 변화의 차이는 확인할 수 있다.

남자아이들이 영재일 때, 지적인 영역에 있어서 공부를 덜 하는 경향이 있다. 그들은 더 소란스럽고 오랫동안 놀이를 매우 좋아한다. 종종 그들은 감정적으로 더 약하다. 여자아이들은 남자아이들보다 더 안정적이고 더 자발적으로 지시 사항을 따르기에 강압을 더 잘 받아들인다. 그녀들은 책임감에 대해 더 좋은 의미를 갖는다.

교육 상담원들이 제일 먼저해야 하는 것은 이 차이를 고려하는 것이다: 그들 평가서의 3분의 1일과 그들의 심리요법은 남자아이들에게 할애된 것이다. 어쩌면 여자아이들은 어려움을 남자아이들만큼 분명히 드러내지 않아, 부모들이 남자아이들의 어려움에 더 주의를 하기 때문일 수도 있다. 대부분의 남학생들은 남녀공학에서 이러한 여자아이들과 비교 대상이 된다. 현재 여학생들의 시험 성공률이 남학생들보다 약간 높은데, 여전히 아마도 더 오를 것이다.

과외 활동

모든 관할 구역을 넘어 이제는 데리고 다녀야 하는 아이가 하나가 아니라, 둘 혹은 셋이 된다. 여자아이는 함께하는 운동들을 좋아하지 않는다. 그녀를 위해서는 테니스와 수영이 있다. 그리고 이리저리 대회에서 대회로, 시합에서 시합으로 달린다.

지적 활동들을 위해서는 달리 계획했어야 했다. 엄마는 아이들을 대상으로 하는 문학·예술·과학 학습반들이 있다는 것을 협회를 통해 알았다. 첫회 때부터 그녀는 다른 부모들과 함께 아이들 동반하기를 상호 협조하기로 했다.

'어머니의 직업'을 명확히 요구하는 행정적 서류 양식을 채워야 할 때, 그녀는 '무직'이라 기입하기를 거부했다. 이는 그녀가 여성해방 운동단체(MLF)에서 활동해서가 아니라, '가정주부, 아이들의 어머니'로서 풀타임으로 일한다고 자신은 생각하기 때문이었다.

수요일 저녁 가끔 그녀는 자신에게 되물었다. 아이들이 태어날 때 자신이 직장 생활을 그만둔 것이 잘한 일인지. "일주일에 35시간!"[13] 아이들의 엄마에게는 꿈 같은 일이다.

---

13) 프랑스는 현재 일주일에 35시간 노동 시간제이다. 〔역주〕

꿈을 깨자! 더군다나 35시간이라…….

남자아이들처럼 여자아이들은 운동에 관해 매우 다양한 행동들을 지니고 있다.

혹은 여자들은 운동하기를 거부하고, 육체적인 노력에 투자하기보다 친한 친구들과 이야기하기를 좋아한다. 때때로 여자들은 즐겁게 운동하고, 젊은 만큼 외모에 몰두하는 데 운동이 건강을 보장하고 더 아름답게 만든다는 것을 그녀들은 안다.

많은 여성들이 규칙을 지키면서 단체 운동을 성공적으로 하고 있다. 개인주의자 성향이 있는 영재들에게는 단체 운동이 이롭다. 그들을 단체에 동화되게 하고 또 그들이 소속된 팀의 승리를 위해 노력하게 하기에. 여자아이들이 남자아이들 보다 단체 운동의 규칙들에 더 잘 적응한다.

그러나 럭비나 축구같이 너무 거친 운동들은 여자아이들을 그다지 열광시키지 않는다.

친 구

영재아동협회에서 마련한 소풍에서 아이는 팔에 깁스를 하고 있는 한 사춘기 소년을 만났다. 그는 이 소년과 우정을 맺었다. 친구인 소년이 "살아 있는 인류가 역겨워"를 반복하는 것만 빼면 그들의 체험은 매우 비슷했다. 이 소년은 때때로 '자살'을 생각했다. 우리의 영재아이는 인류에 아무런 반대도 없기에 소년이 조금 과장하는 것이 아닌가 하고 그에게 물었다.

— 나를 이해해야 해. 나는 사는 게 지옥이야! 휴식 시간에 운동장에서 아이들은 나를 계속해서 때리며 내가 넘어지도록 세게 밀쳐 결국 팔을 다쳤어.

그의 비극적인 단언에도 불구하고 그는 아주 농담을 잘했다. 농담을 할 때마다 그에게서 작은 미소를 보았다. 결국 유머가 그를 구한 것이다.

우리의 작은 영재아이는 사회놀이를 좋아했으나, 그날까지 함께 놀 파트너를 찾지 못했던 것이다. 그는 늘 여동생과 하려고 했는데 그녀는 항상 구름 속에 있었기에 매번 너무 오래 기다려야 했다. 그리고 그녀가 또다시 놀이에 들어가면…… 그야말로 절망적이었다.

다른 아이들은 더 형편없었다. 이기고 싶은 마음과 시합으로 흥분한 그는 극도로 집중했고 한 번도 집중하는 것을 멈추지 않았다. 그는 상대 싸움꾼의 잘못으로 시합을 포기하는 것에 곤란해했다. 그의 적들은 싫증을 잘 느꼈고, 그보다도 먼저 게임 장소를 떠났다. 그들이 너무 오랫동안 주의하고 있었거나 그들이 그에게 잃는 것에 싫증이 났거나 둘 중 하나이다. 그는 친구와 함께 막 체스를 시작했다.

마침내 도전을 불러일으키고 그와 겨루는 것을 행복해하는 파트너가 그 앞에 마주하고 있는 게 아닌가? 친구를 갖는다는 것은 이렇게 좋은 일이다. 그들은 이제 자주 만날 것이다.

이 시간 동안에 그의 부모는 다른 영재아동의 부모들과 인사를 나누었다. 그리고 매번 그들의 아이에 대해 이야기할 때마다, 동정에서 무관심으로 변화되었던 모든 감정들의 색조를 생각하며, 조심하거나 남의 시선 없이 자유롭게 화제를 나눌 수 있음에 그들은 만족했다. 참석한 부모들과 그 아이들의 화려한 하루는 재미있는 한 배구 게임으로 끝이 났다.

중학교 입학

아이는 매우 철학적이 되었고, 새로운 학교에서 대단한 것을 기대하지도 않게 되었다.

그는 2세나 앞섰다. 그가 지루해하지 않기 위해서는 3개나 4개의 월반을 해야 한다고 교육 상담원은 말했다. 하지만 그의 부모는 "다른 아이들과의 차이가 너무 클 거예요" 하며 거절했다. 사실 그가 만일 13세에 바칼로레아[14)]를 통과한다면 부모들은 뭐하겠는가?

교과서 배분, 8명의 선생님들과의 만남, 다양한 교과 등과 같은 흥분의 첫날이 지나자, 싫증이 그를 다시 감쌌다.

어쨌든 새 학년이 잘못 시작되고 있었다. 첫날 수학 선생님이 학생들에게 자발적인 지각의 사고를 만들도록 몇 개의 문제를 제시했다. 습관처럼 우리의 영재아이는 길 안내도 없이 답을 적었다. 다음 날, 선생님은 시험지를 돌려준 후 그를 그녀의 책상으로 불렀다. 그리고 그가 옆의 아이 답을 베꼈는지 물었다. 그는 그것을 부인했다.

— 그럼, 답을 얻기 위해 필요한 방식을 따르지 않고 어떻게 정확한

---

14) **Baccalauréat**: 프랑스대학입학자격시험으로, 대학과 그에 준하는 사립교육기관에 입학할 자격이 주어진다.〔역주〕

아, 짜증나! 내가 질문을
하기도 전에 대답을 하는군!

답을 찾았지?

　그는 항상 출발점으로 다시 와야만 하는가? 아주 많은 지름길 방식으로 그는 자신의 답을 설명했다. 여교사는 그를 제자리로 돌려보냈다. 그녀는 아이를 거짓말쟁이로 본 것 같다. 아이는 '하긴 빅토르 위고도 심사위원이 그가 제출한 시(詩)가 성장기인 그 나이의 작품일 수 없다고 판단했기에, 15세에 대회에서 상을 타지 못했어'라고 하며 스스로를 위로했다.

　프랑스의 모든 중학생들처럼 그는 매우 다행히 6학년에[15] 평가 테스트를 받았다. 놓여진 노트 위에 각 문제마다 단계의 흐름을 따르는 것을 그가 지나칠 수 없음을 분명히 알려 주는 일이었다. 그의 우수한 테스트 결과를 보고 나서야 선생님은 며칠 전 아이가 속이지 않았다고 마침내 인정했다. 모든 의심이 벗겨졌지만, 그는 여전히 '감시' 대상으로 남았다. 그는 모든 아이들처럼 공부하는 법을 배워야 할 것이다.

---

15) 우리나라의 중학교 1학년에 해당된다. 수업 준비반(CP)을 1학년으로 시작해 초등학교 과정은 5년이 된다.〔역주〕

평가 테스트

자기 평가

며칠 후 학교에서 돌아오면서 그는 엄마에게 자기 평가를 했다고 말했다.

— …

— 프랑스어 선생님이 우리가 스스로 자기 평가를 하게 하기 위한 50문항의 질문서를 주셨어.

— …

— 선택형 질문서라고 선생님은 말했어. 5개의 칸이 있었는데 "완전히 그렇다" "그렇다" "거의 그렇다" "아주 약간 그렇다" "전혀 그렇지 않다" 등이었어. 선택을 해야만 했어. 첫번째 질문은 "독해 기초 능력을 숙달했는가?"였어.

— 그래 뭐라고 답했니?

— "완전히 그렇다." 내가 책을 읽을 줄 아는지를 묻는 것임을 아니까.

— 그 다음 질문은 뭐였어?

— "깊은 능력을 숙달했는가?"였지.

— 뭐라고 답했어?

— '깊은 능력' 이라는 것이 무엇을 말하는 것인지 나는 몰랐어. 그

래서 "약간 그렇다"라고 답했지. 그것은 중간이야, 중간이 된다는 것
은 나쁘지 않을 거야.

— 그리고?

— "게다가 놀라운 능력을 숙달하고 있는가"였어. 나는 "완전히 그
렇다"라고 답했어. 나는 그것이 무슨 말인지조차 몰랐지만, '놀라운'
이라는 단어가 흥미로워 보였어. 그리고 마지막 순간에, 답 전체가
조화롭고 예술적으로 보이도록 답안지의 이미지가 십자가가 되게 그
려 넣었어. 십자가가 때로는 왼편, 때로는 오른편, 또한 중간에 있기
도 했지. 종국에는 아주 예뻤어. 할머니 방에 걸려 있는, 엄마가 어렸
을 때 했다는 십자수와 닮았었거든.

다음 날, 엄마는 선생님을 만났다.

— 댁의 아드님은 이해력에 어려움이 있어요. 그의 자기 평가서 답
안지는 아주 나빠요.

깜짝 놀란 엄마는 아이가 지적으로는 영재라는 것을 알리지 않았
다. 그는 이미 충분히 주의를 끌게 했다. 그녀는 결국, 아들의 새 학
년이 잘못 시작되었음을 깨달았다.

6학년

　많은 학생들에 묻혀 아이는 자신이 남들과 '다른 학생'이라는 실체를 잃어버렸다. 수업들의 지루한 반복이 다시 시작되었다. 그러나 아이는 자랐다. 기쁨 없이 단조로운 이 일과들의 단조로움을 아이는 더 이상 참을 수 없었다. 그는 완전히 평평한 물 위로 비행하면서 '청춘의 들끓는 격동'을[16] 꿈꿨다.

　3개월 동안 선생님들은 복습만 하게 했다. 그는 그 시간 동안 자신의 세계에 틀어박히는 데 이용했다. 수업에는 결코 관심이 없었다. 그는 공부에 대한 모든 갈망을 잃어버렸다. 더 이상 아무것도 듣지 않았고, 배운 내용을 암기하지 않으며 과제도 더 이상 하지 않았기에 그의 성적은 점점 더 나빠졌다.

---

16) 프랑수아 드 클로제, 《배우는 즐거움 그리고 어떻게 그것을 말살하나》, Le Seuil, 1996.

질문: "오늘 아침,
질문받기 싫은 학생이
누굴까?"
PIEM

집에서 공부하기

당연히 아이의 부모는 학교로 불려졌다.

— 댁의 아드님은 수업을 듣지 않고 아무것도 하지 않아요. 그에게 내려진 충고 사항들을 무시하고 교과 내용을 익히지도 않아요. 그가 집에서는 공부하나요? 아이의 공책을 살펴보나요…?

더 이상의 설명이 필요한 것은 아니었다: 모든 잘못은 자신의 배움을 소홀히 하는 아이의 결과에 관심을 두지 않은 가족에게로 돌아왔다. 그것은 자명한 일이다. 당신들은 방임주의자적인 부모들입니다. 간단히 말해 나쁜 부모들이죠.

교장 선생님께 호출당했다 해서 다른 선생님들께 불려 가지 않은 것은 아니었다. 만나기에 매번 조금씩 더 고통스러웠던 학과 선생님들 각각과의 상담 후에 그들은 집으로 돌아갔다.

그리고 이 고집쟁이를 공부하게 하려고, 가족 전체가 수요일, 토요일, 일요일 저녁에 공부하기 시작했다. 엄마는 인문학 과목들을, 아빠는 과학을 맡았다. 그들은 점점 더 공부하고, 아이는 점점 덜 공부했다.

학교에서의 호출장들이 늘어만 갔다. 곤경에 빠진 것이다!

또 다른 아이를 기다리고 있는 엄마는 태어날 아이가 영재가 아니길 하늘에 빌었다. 그녀는 결국 '정상적인' 아이를 얻었다.

한 숟가락은 국립
행정학교, 한 숟가
락은 국립고등공예
학교, 한 숟가락은
재무감독관.

우리의 영재아이는 중학교에서 그를 꺼내 달라고 더 이상 부모를 설득시키려 하지도 않는다. 그는 함정에 빠졌다고 생각했다.

학교 친구들은 그를 이해하지 않는다. 더 이상 그는 대화도 하지 않는다.

시간의 부족으로 그는 대부분의 수요일 특별 활동들을 포기해야만 했다. 합창은 여전히 남아 있다. 그러나 더 이상 거기에서 예전과 같은 즐거움을 찾을 수 없다.

참을 수 없는 상황에서 출구가 없다면 병에 걸린다는 것을 그는 어디서인가에서 읽었다. 그러나 그는 자신을 우울증에 빠지도록 내버려 두었다.

이러한 조건에서는 상황이 나아질 아무런 가능성도 없다. 아이는 이제 수업에 물렸다. 억지로 공부시키는 모든 방법들을 그는 소화시키지 못한 것이다. '정상' 지능의 아이들은 하나의 개념을 여섯 번에서 여덟 번 반복 후에 흡수한다면, 영재아이의 경우는 한 번에서 두 번이다. 마치 스펀지가 물을 흡수하는 것과 같이 지식을 흡수한다고 레미 쇼뱅은 말한다. 수업 내용이 네 번에서 여섯 번 반복되는 혼합된 학급에서 영재는 그동안 할 일이 없다. 저녁에 부모가 교과 내용을 다시 시작한다면 이것은 그야말로 과다 복용이다.

어떻게 해야 할까? 만일 부모가 아무것도 하지 않으면, 마치 그들이 아이를 포기한 것 같은 느낌이 든다. 부모들은 선생들이 짜증나게 한다고 생각한다. 그들은 아이의 유급과 퇴학을 두려워한다.

게다가 아이가 이미 알고 있는 것을 가르치려고 모든 시간을 보냄은 운동도 놀이도 학교 밖 과외 활동들을 허용하지 않음으로써,

그가 더 이상 표현할 수 없게 됨이다.

모두가 그에 대해 나쁜 의견을 가지고 있었기에, 그는 부정적인 이미지를 가리켰다. 그는 유창한 화술에 풍부한 어휘를 가지고 있었기에 사람들은 그를 현학자 혹은 공부하지 않았기에 게으름뱅이라고 불렀다. 그가 과제하려고 약간의 시간을 보내면 그를 날림으로 해치우는 사람이라고 했다. 그가 과제를 위해 몇 시간을 보낼 땐 그가 완벽주이자이고 하찮은 것에 시간을 잃어버린다고 나무랐다. 그가 만일 생각하기 위해 휴식을 취하면, 사람들은 몽상에 대해 말했다. 그 모든 것이 상식의 범위에서는 통하지 않았다. 드디어 강요하지 않는 게 나은 순간이 왔다. 다른 관점에서 이 상황을 다루어야 한다.

몇몇 아이들은 매우 무질서하고 때때로 그들의 책가방과 파일, 자료들의 어지러움에 갈피를 잡지 못한다. 그 아이들은 자신들의 일을 조직화하지 못한 것이다. 그들에게 이 부분에 있어서의 도움은 항상 유용하다. 그러나 지능적으로 어려움이 있는 아이들과 반대로 나머지 영재아이는 교과 학습적으로는 지원받을 필요가 없다. 그는 적어도 작은 학급에서 결함들을 축적하지는 않는다. 고등학교에서의 몇몇의 특별한 수업들이 그를 좋은 방향으로 다시 놓이게 할 것이다.

전체적으로, 그의 학업 실패는 사실 격려의 부족을 지적한다. 그는 수업 시간에 싫증을 낸다. 과장해서 말해, 집에서도 이것은 해결되지 않는다. 그가 스스로 하는 것에 대해 다시 관심을 발견했을 때 새로이 이것에 매우 집착한다. 마치 펌프에 맞물을 붓는 것처럼 교과목이 아닌 특별 활동이라는 구실로 그에게 공부의 즐거움 주기를 다시 시도할 수 있을 것이다. 부모는 그를 살펴보고 그가 무엇인가에 매달리는 순간을 엿보다가, 마침내 그가 그것에 몰두할 여유를 주어야 한다.

프로이트는 정신분석학자, 선생님과 부모는 세상에서 성공하지 못할 것이 확실한 세 가지 직업라고 말했다(동시에 이 두 가지에 종사한다면 일은 복잡해진다). 하지만 프로이트는 타고난 비극주의자였기에 그의 견해를 너무 염두에 둘 필요는 없다. 분명, 부모가 된다는 것은 힘들다. 단지 그들의 자녀들이 성인이 되었을 때에야, 정말 어떻게 해야 하는지 알게 될 뿐이다. 하지만 전부를 잃어버린 것은 아니다. 부모는 조부모가 되고, 그들의 체험들이 자식인 젊은 부모에게 도움이 되게 할 수 있을 것이다.

모든 조사가 한 번도 오늘날만큼 가족들이 서로 굳게 결속되어 있고, 아이들이 부모에게 밀착되어 있었던 적은 없었다는 것을 증명한다. 얼마나 근사한 성공이 아니겠는가!

과장된 상상력

학교가 집으로 온 이래, 사랑하는 부부 사이에서 일어나는 귀여운 싸움들이 다른 방식을 취한다면 싸움은 변질될 위험이 있다. 가족 모두가 신경이 날카로워져 있다. 아주 약간의 방해는 가족 제각각의 불만의 여지가 되었다.

부모는 더 이상 '우리 아들'이라 말하지 않았고, 부부는 돌아가며 하는 역할 차례에 그를 부인하면서 '네 아들'이라 말했다. 더 이상 집에는 웃음이 없었다. 수업, 실패, 열의 없음 이외의 말이 없었던 것이다.

— 당신은 아이를 너무 보호해.

— 당신은 아이를 충분히 돌보지 않아.

— 자신이 하는 모든 것에 그토록 의욕 없는 멍청이를 돌보려고, 조금도 내 자유 시간을 쓰고 싶지 않아!

— 당신이 그를 멍청이로 다루면서 그가 성과를 얻도록 도와줄 수는 없을 거예요. 만일 당신이 시간을 우리에게 더 헌신했다면, 우리가 지금 여기 놓여 있지는 않았을 테고요.

그들의 악의는 토론의 여지가 없었다. 높아진 목소리를 교환하는 것은 분명히 부부의 생활 모습을 변하게 했다. 어느 날 밤, 아이는 저녁 먹기를 거부한 채 자러 갔다. 그의 부모는 잠자리에 그를 안아 주러 오지 않았고, 아이는 그들이 저녁 늦게까지 싸우는 것을 들어야만 했다. 아이는 귀를 기울여 대화의 단편들을 겨우 들었다: "지겨워. 당신이 만족하지 않는다면……."

마침내 침묵이 다가왔고, 침묵은 마치 납으로 된 제의(祭衣)처럼 아이의 위로 무겁게 떨어졌다.

재능 있는 아이의 본질적인 특성들 가운데 하나가 바로 상상력이다. 만일 그에게 긍정적 토대를 마련한다면, 상상력은 그를 창작으로 이끌 것이고 그를 천재로 만들 것이다.

모든 자료는 본질이 어떻든 그의 풍부한 상상력에 양분이 되어 준다. 그러나 극적인 과장에 화내는 그의 성향은 때때로 그를 숙명적인 일탈로 이끈다. 하나의 시선, 말 한마디가 그를 경계하게 한다. 그는 다른 사람들이 못 보는 기호들을 지각한다. 그는 비극의 첫 불길한 징조들을 듣는다. 그에 따라 그의 많은 실망들이 그에게는 가치가 있을 수 있다. 사람들은 카산드라[17]를 좋아하지 않는다.

이 날 밤, 어두운 생각에 걱정으로 아이는 깨어난다. 그의 부모가 헤어지리라는 것은 피할 수 없는 일이다. 주사위는 던져졌다. 그가 그것에 대한 책임을 지고 있다는 것을 그는 안다. 그들은 이혼할 것이다. 그들은 사랑하기에 이혼을 견디지 못할 것이고, 그래서 병에 걸리게 될 것이다. 아빠는 더 이상 일을 할 수 없을 것이다. 아빠는 직업을 잃고 실업자가 될 것이다. 집에 더 이상 돈이 들어오지 않을 것이다. 집은 팔릴 것이고 지붕도 안식처도 없이…….

---

17) **Kassandre**: 그리스 신화에 나오는 여자 예언자로 트로이의 함락을 예언했으나 아무도 그 말을 믿어 주지 않았다. 〔역주〕

우리는 커서도
열등생이 될 거야.

아이는 어떻게 될까? 누가 그를 맡을 것인가? 만약 엄마라면, 그가 아빠를 계속 만날 수 있을까? 만일, 아빠와 살려고 떠난다면 틀림없이 엄마는 죽을 것이다. 망친 가정의 한복판에 버려진 아이, 바로 지금 그는 고아이다.

이 기나긴 불면의 밤 끝에 내려진 결론은: 모든 것이 제자리로 가기 위해 그가 죽어야 한다. 아침에 그는 초췌해졌다.

그가 이 슬픈 이야기를 짜는 동안에 피곤한 부모는 기력을 되찾아주는 잠을 잤다. 그리고 평화로운 하룻밤으로 인해 그들은 모든 원기를 되찾았고 아침에 마침내 서로 화해했다. 엄마는 욕실에서 콧노래를 하고 아빠는 주방에서 노래를 한다. 아침 식탁에서 가족인 그들 모두가 웃는다.

— "너, 책가방 잘 챙겼니?" "수업 내용을 암송해 볼래?"

학교는 계속해서 집에 있었다. 그러나 어조는 낮아졌으나 구름은 더 꼈다!

부모가 그를 이해하지 못하는 것처럼, 그 역시 더 이상 어른들을 이해하지 못했다.

우울증

　교육 상담원은 걱정하는 듯했다. 아이의 부모가 오늘 그녀에게 데려 간 아이는 몇 해 전, 그녀가 알았던 반짝반짝 빛나던 아이가 전혀 아 니었다. 그는 크리스털로 만든 아이라고 그녀가 말했던가? 그는 고개 를 숙여 단음절로 낮게 말했다. 거기에 있는 것이 고통스럽고, 소용없 고, 낙심했으며 용기가 꺾인다고.

　교육 상담원은 아이에게 심리요법을 권했다. 그는 전혀 이야기하고 픈 생각이 없다. 그러나 그의 부모는 그가 털어 놓기를 바라기에 상담 계획들이 잡혔다.

　이 (상담) 대화들을 통해 그가 자신에 관한 아무런 믿음이 없다는 것과 더 이상 자신이 지닌 높은 잠재력을 믿지 않는다는 것이 명백히 드러났다. 만일 그가 학업에 실패함은 그에 대해 사람들이 잘못 생각 했기 때문이다. 그는 많은 것을 약속하는 아이였으나 그의 맹세들을 지키지 않았다. 그는 말했다: "나는 아무것도 아니야, 나는 실패자야." 그는 잠을 잘 못자고, 허기증 환자가 되었으며 손톱을 물어뜯었다. 그 는 더 이상 아무것도 하고 싶지 않았다. 그에게 주시했던 관찰에 더 이상 아무런 반응이 없었다. 그는 스키를 좋아했는데, 더 이상 하려고 도 하지 않았다. 음악을 좋아했는데 이제 한 번도 피아노를 열지 않았다. 그는 어떤 과외 활동도 하려 하지 않았다. 그는 친구가 없었다. 학년 초기에 그를 반장으로 선출했던 그의 학급 친구들은 그에 대해 전혀 관심이 없고 오히려 그에게서 도망쳤다.

그는 지겨운 수업에서 쇠약해지게 하는 상담들까지 기나긴 한 해 동안 간신히 마지못해 다녔다. 그는 부모를 절망케 했다. 그의 엄마까지도 우울증에 들어선 것 같아 보였다.

부활절 방학 무렵, 종국에는 교사심의회에서 그의 6학년 유급을 검토했다.

나는 얘가 막내예요.
운이 좋군요!
PIEM

학년심의회

　모든 부모들은 그들의 인생에 있어서 학년심의회에 참석하는 좋은 기회를 가질 것이다. 그것은 세 가지 평가의 순간이다. 다음이 평가 된다: 1) 학생들의 성과, 2) 선생님들의 교습법, 3) 부모들의 태도. 부모가 된다는 것은 어렵다. 그러나 선생님이 된다는 것 역시 어렵다. 그래서 서로를 아는 법을 배우는 것도 좋다.

　선생님들, 교장과 교감, 교육부 고문, 지도 고문, 두 학생과 그들의 부모님들 그리고 간혹 생활 환경 조사원까지 합쳐서 20여 명의 사람들이 커다란 책상 주위에 모였다.

　담당 비서가 서류더미를 가져왔다. 엄숙한 순간이다. 요즘은 기술의 진보에 따라 보고서 읽기는 간혹 비디오 영사기를 통해 한다. 성적이 좋지 못한 학생은 커다란 화면에 부끄러움이 펼쳐 보여진다.

　성적들의 나열과 의견 평가가 시작되었다. 성적이 우수한 학생들은 '훌륭한' 하고 검토가 급히 해치워진다. 심지어 '학생' 이라는 단어가 발음되지도 않았다. 훌륭한, 훌륭한, 훌륭한. 그들에게 호의적인 시선이 베풀어진다. 몇 명의 학생들은 그들의 전 교과 과정 동안 매번의 성적표가 화면에 몇 초 이상을 넘기지 않고 지나가며 보낸다. 그들 스스로가 한 차례의 돌풍에 지나지 않게 알려지는 것에 부당하다고 생각하더라도, 매우 행복한 사람들이다!

그러나 다른 학생들! 그들은 벌거벗겨진 채 공공 장소에 놓여진다. 선생님들은 그들의 학업 성과를 평가내리는 데 흡족하지 않고, 이 가없은 학생들은 엄청난 시련을 겪는다.

비난: "그는 어떤 것에도 관심도 이해도 없어요. 하고자 하는 의욕도 없습니다. 도대체 그가 이 학급에 무엇을 하러 왔을까요?" 그러나 선생님들은 부모 앞에서 한계를 지킨다. 부모들은 그들이 아마도 교사 심의회에서 했을 말들을 듣지 않기를 바란다.

변호——이 심한 비난의 콘서트장 한가운데 불쌍한 아이에게 도움을 주러 오는 한 명의 선생님은 꼭 있기 마련이다.

— 그는 똑똑합니다. 한 사람이 말했다.

— 그럼, 그것을 그가 증명할 것! 다른 사람이 응수한다.

선생님들 서로가 좋아하지 않는 관계이거나 같은 교육 개념들을 갖고 있지 않은 선생님들 사이에 오가는 대화는 때때로 언쟁으로 돌아가기도 한다. 그들은 아이의 학습 자료를 심사하는 것도 잊어버린다. 결국 교육관이 도우러 온다:

— 가정의 문제로 인하여 정상참작을 합니다.

어떤 문제를 말하는 것인지 아무도 물어볼 시간이 없도록 교장은 빠르게 빠져 달아난다. 만일 할머니가 별세한 경우는 조금 시간을 두고, 부모의 이혼, 실업인 경우는 그 사실들을 분명히 밝히는 것을 피한다.

우리의 어린 영재의 경우로 돌아와서, 그는 학급의 대표였으나 그의 대리자에 의해 자리가 교체됐다. 고약한 판결이 그에게 떨어질 것임을 알아차리는 데 구태여 예언자가 될 필요는 없다. 그는 그것들을 들고 싶지도 않다.

학급 전체가 아무 소리 없이 있을 때, 그가 종종 어려운 질문들에 대답을 했기에 그의 지능은 거의 모두에게 만장일치로 알려졌다. 일반적으로 이 반응은 교육자에게 '반향'을 불러일으킨다. 그러나 그가 매우 급히 자신의 침묵 속으로 다시 빠지기에 선생님들은 그가 유급하기를 바랐다. 유급하게 되겠지만, 그는 하고 싶지가 않다. 아마도 그에게 가할 수 있는 가장 최악의 비난이 될 것이다. 학급에서 (약간의) 아이들은 조금의 효율을 위해서 악착스럽게 공부한다. 그는 많은 노력을 하지 않을 것이다. 그는 아무것도 하지 않을 것이다. 이는 부당하고 비도덕적인 일이다.

이러한 서두 후에, 그는 신랄한 비판의 일제 사격을 들어야 했다. 아마도 문집을 만들 수 있을 것이다. 아무것도 그를 비난에서 면하게 해주지 않았다. 완전히 사기가 저하된 이 학생의 과제에서 도출한 긍정적 요소가 선생님들의 변호로는 불충분하다는 것을 인정해야만 한다.

교장은 책상을 한 바퀴 돌았다. 성적 점수나 평가 의견을 보면 모든 것은 판결났다.

그의 엄마는 학년초에 신중하지 못하게 부모들의 대표가 되는 것을 받아들였다. 그녀는 논쟁을 악화시킬까 두려워 중재하려 하지 않았다. 그녀가 표현할 최소한의 소견에 주의가 몰리리라는 것을 잘 알고 있다: 그녀는 모든 아이들을 방어하기 위해서 있다——그러나 자신의 아이는 제외하고. 그것은 그녀에게 너무도 많은 것을 요구한다. 그녀는 얼굴이 빨갛게 변하는 것을 느꼈다. 화가 치밀어 올랐다. 다음 심의회에는 그녀의 아들처럼 오지 않으리라고 맹세했다. 그녀는 폭발 직전이었다.

그녀가 폭발하기 전에 얼마 전부터 그녀를 살피고 있던 수학 선생님이 드디어 발언을 했다. 그의 말들은 이 고뇌에 찬 불쌍한 엄마에게는 방향제와 같았다:

— 이 아이는 지능지수가 매우 높은 아이입니다. 그의 문제는 학과 공부가 아니죠. 그는 마치 0점처럼 20점을 받을 수 있습니다.[18] 그가 자신을 절제하느냐 절제하지 않느냐에 달려 있죠. 아이는 단 한 번도 아무런 지적 흥분을 드러내지 않았어요: 그에게는 모두가 너무 쉬워요. 다른 아이들의 척도를 평가한다는 것은 어처구니없는 일이죠.

그리고 다시 이야기되었다:

— 만일 그가 약간의 의욕을 보탠다면 당신들은 그의 매우 뛰어난 지능이 고통받으리라고 여기나요?

마치기 위해 교장은 급기야 통지 사항을 제시했다: "3학기가 결정적일 것이다."[19] 그것이 의미하는 것은 6학년 유급이 고려됨이었다. 그것은 또한 수학과 음악을 다루는 두 예외의 선생님에게 알려짐이었다.

---

18) 프랑스는 성적을 20점 만점으로 산정한다. 이것은 아라비아에서 온 20진법에서 유래한 것인데, 이외에 숫자를 세는 방법에서도 그 흔적이 남아 있다. 〔역주〕
19) 3학기제이다. 〔역주〕

2학기 성적표

과목	점수	평가
프랑스어: 쓰기 독해 철자법 문법	 8 0 20 9	 집중력 · 주의력 · 응용력이 부족함. 과제물 미제출.
라틴어		
수학	2-0-18-4-20	무엇을 말하겠는가!
과학	9	전반적으로 관심이 없으나, 때때로 좋은 답변을 함!
언어 1 쓰기 말하기	15 ?	공상에 잠겨 참여하지 않음.
역사−지리	2	수업을 따르지 않고 아무것도 하지 않음.
시민교육	5	습득되지 않음.
지구생명과학	8	침묵에서 빠져나온다면 좋을 것임.
기술	7	서툶.
예술	6	어떤 지시도 따르지 않음.
음악	7	무관심.
체육	10	열중하지 않으며 요구하는 것을 드물게 함.
총평: 아무런 관심이 없어 어떤 열정도 없음 —— 3학기가 결정짓게 될 것이다.		

아무 나쁜 짓 하지
않았어요. 의사 놀이를
했어요.

터널 빠져나오기

우연한 사고가 이 영재아이를 파멸의 6학년 길에서 구하게 될 것이다.

그는 부당함을 참지 못한다. 학교 친구들 가운데 하나가 자신이 하지 않은 나쁜 일로 인해 잘못된 비판을 받았다.

그는 한 번도 바란 적 없는 학급 대표의 권한을 이용해, 믿기지 않는 억양으로 친구를 변호해 가며 그를 구하기에 돌진했다. 갑자기 그의 능변이 되살아났고, 그래서 고발된 학생의 무죄가 인정됐다.

드디어 새로운 사명을 그가 찾은 것이다. 반란에 들어선 것이다.

그는 잘못을 바로잡는 정의의 기사, 정의의 수호자가 되었다. 10세의 나이에 투쟁하는 조합운동가의 정신을 발견한 것이다. 그는 전부를 개선하고 싶었다. 그는 자신의 싸움에 신중하고 그를 따르기를 매우 경계하는 다른 학생들을 끌어들이려 했다. 종전의 조금은 '예외적인' 선생님들도 빠르게 그에게 싫증이 났다.

권리를 요구하는 대화를 포기하고 그는 조건 명세서를 행정심의회에 보냈다. 그것은 그가 세상을 다시 만들기를 바라는 것보다 공부하기를 더 잘할 것임을 사람들이 깨닫게 했다.

급기야 일주일 만에, 극단적으로 의욕적인 그가 반에서 최고의 학생

그러나 나는 그녀에게 미리 경고했다: "조심하세요. 휴식 시간이 다가오면 당신은 나의 거친 분노의 대상이 될 수 있고, 그로 인해 당신은 후회하게 되리라"는 것을.

이 되었다.

그와 같은 속도로, 되어야 할 교육 체계와 학생의 권리에 대한 인정서를 썼다: 그는 특별히 그가 따라야 할 존경을 강조하면서 학생들의 이익보다는 자신들의 안정에 더 걱정스러운 선생님들에 대해서 가장 신랄한 어조를 띄웠다.

침묵과 거리가 멀고 사슬이 풀린 그가 징계위원회 앞에 서야 할 만큼 이 일에 대한 책임이 매우 컸다. 그는 선생님들, 부모들, 교장 선생님에게 심한 말을 했다. 회의의 대표인 두 학생들도 몸 둘 바를 몰랐다. 기다리지 않고 결과가 나왔다: 그는 일주일 정학에 다음 해에 중학교를 다시 올 수 없게 되었다.

끝없는 심리적 반항

그의 반란은 중학교 교문에서 멈추지 않았다. 이제부터 그와 반항은 어디든 함께했다. 그의 부모는 아이와 협의하고자 했으나, 그는 이유 없는 살인적인 분노에 빠졌다. 문을 꽝 닫고, 힘 주어 말하는 잔인하고 거친 그의 어휘는 한층 다양해졌다. 이 모두가 종국에는 그가 종종 울음을 터트리거나, "죽고 싶어" 같은 선고로 끝나곤 했다.

심리 상담원은 이제 가족 모두를 돌보며 말하길, 그것은 '사춘기 초기'의 문제로 진정시키기가 어렵다고 설명했다. 아이는 실제 나이로는 10세이지만, 정신적인 나이로는 적어도 16세였다. 그는 계속해서 이러지도 저러지도 못하였던 것이다.

그의 부모는 사춘기의 '초기'라는 한 가지 단어만 기억했다. 신이시여, 발작의 심정은 어떨까요?

모든 아이들은 제약(制約)이 필요하다. 아이는 지표 없이는 사회에서 살 수가 없다. 교육 상담원은 아이의 부모에게 어떤 영재아동도 만약 그가 너무 엄격한 교육을 받는다면, 성숙해질 수 없다는 것을 알게 했다. 아이는 규칙의 필요성을 이해해야 그것을 받아들일 수 있다. 그리고 그는 왜 일상의 모든 행동이 힘을 소모시키고 불필요한지도 설명할 수 있다. 결국 모든 중요하지 않은 문제는 물러서야 한다. 그의 생활을 위태롭게 하지 말고, 커다란 원칙들에만 단호해야 한다.

만일 심리학자나 심리 상담원을 만난다면, 그들의 충고를 따르기 위함이다. 결국 그의 부모는 아이의 행동에 지표를 정하기로 했다. 타협할 수 있는 규칙과 그렇지 않는 것들을 규정짓는 것을 배워야 한다. 그러나 그 둘의 경계가 늘 분명하지는 않다. 그리고 부모는 인내심도 지녀야 한다.

다행히도 이 부모는 서로 사랑하고, 고난에 대처하기 위해 그들 둘이라면 참을 수 있으리라고 느꼈다.

아이의 반항은 아주 다양한 형태를 띠었다. 그의 폭발적 발언으로 인해 상심한 부모가 이번엔 '의복의 반란'에 참석자가 되었다. 너무나도 긴 머리에 청바지는 가장자리가 너덜거리면서 구멍이 났고, 폭이 넓은 티셔츠에 그를 앵무새처럼 보이게 하는 요란스러운 색깔 스웨터의 겹쳐 입기가 그의 패션이었다. 부모는 이런 아들의 외모에 대해 잔소리하기를 자제할 수가 없었다: "미장원에 가야 할 때라고 생각하지 않니?" 결국 이것은 지나친 지적이었다. 다음 날 그는 면도한 머리로 돌아왔다. 완전 도형수의 모습이었다.

그는 버릇없어졌고 빈정거렸으며 모두를 조롱했는데, 거기에 더 새로운 것은 말들을 왜곡하여 자기 방식대로 해석하면서 부모의 단어 사용이나 일상적인 어투를 바로잡았다. 그가 말을 내뱉지 않을 때는 쓰는 말로 말하기에 열중할 때이다. 실상 모든 지대가 지뢰밭과도 같았다.

직관적으로 그는 새로운 법칙을 이해했다. 그는 정리를 해보았다. 금세 그의 부모가 무엇에 대해서 양보하지 않을지를 알아챘다. 금지들, 그는 이것들을 아주 드물게만 어겼고 그에 대한 보상으로 나머지 것들에 즐겁게 전념했다: 그는 관용의 부족을 이용하고 남용했다.

아주 어려서부터 그는 유머를 보여주었다. 그는 작고 재미있는 이야기를 많이 갖고 있었다. 그러나 '반항 초기' 이래로 그의 유머는 신랄해졌고 모든 사람들은 그에 대한 피해를 입어야만 했다. 그를 대상으로 한 인물 그림들을 모델로 사용하지 않는 것이 좋다. 그가 도발 기록을 비난했을 때 상황은 악화되었다. 사람들은 그가 어디서 시작하는지는 알지만, 그가 어디까지 갈지는 모른다. 최근의 그의 발언에는 되풀이되는 주제가 하나 있다: "나는 자유가 필요해!" 그의 요구에 격노한 아빠가 누가 더 자유가 필요한지를 자문한다: 아들 혹은 아빠?

이 아이는 16세의 청소년처럼 생각한다. 그러나 그는 10세밖에 안됐다. 그가 실제 나이 16세가 될 때, 기꺼이 허락될 것들이 지금은 허용되지 않는다. 교육은 자율성을 이끌어야 한다. 식물이 자라기 시작할 때, 그것을 지탱하게 하고 바람과 악천후를 막아 주고 피해 주기 위해 버팀목이 필요하다. 식물은 또한 버팀목을 뽑을 수 있도록 충분히 강해질 때까지 비료와 섬세한 손길이 필요하다. 아이들에 있어서도 사정은 마찬가지이다. 10세의 아이에게 버팀목을 빼는 것은 아직 대처할 나이가 아닌 위험들에 아이를 내놓는 것이고, 그가 책임질 상태가 아닌 자유를 그에게 미리 주는 것이다. 모든 문제가 여기에 있다.

한 가지 다행인 것은 방학이 다가온다는 것이다. 올해는 분위기를 감안할 때 박물관 가족 나들이, 등산 등은 제외다. 그것들은 지나친 정신 긴장이다. 바캉스 여행클럽으로 선택은 향해진다. 그에게 자유를 줄 것이다. 자유를! 여행클럽은 많다. 조직 안내자에 의한 여행 관리 프로그램들도 많다. 아이들은 선택만 하면 될 것이다: 운동·연극·댄스 등. 장점은 그들이 반드시 최고이지 않아도 되는 활동들을 하려고 다른 아이들 사이에 있게 될 거라는 것이다. 그것은 이 아이들에게 도움이 될 것이다! 무시할 수 없는 또 다른 특혜는 그들 부모가 직접 아이들을 돌볼 필요가 없다는 것이다. 부모들도 역시 자유로울 것이다.

곤란한 것은 내년의 학교 문제가 남아 있다.

지역분산화(지방색 해소하기)

병이 중하면 약도 되게 써야 하는 법: 지능적으로 재능(IP)이 있는 아이들에게 맞춰진 교육 기관을 찾는 한, 아이의 중학교를 바꿔야 한다.

어느 날 저녁, 우리는 영재아동들에게 열려 있는 학급을 구성하고 있는 중학교를 나열한 영재아동협회의 서류들과 안내서들을 모두 꺼냈다. 그 가운데 특히 '일반 학교와 다른'[20] 중학교를 집계한 것들을. 선택에 있어 찬반 양론을 비교 검토했다. 그러나 우리는 결정을 하지 못한 채 잠자리에 들었다. 다음 날들도 이것을 다시 검토했다. 그러는 동안에 우리 모두가 일치하지 않고, 게다가 대립하는 다른 의견들을 가졌다.

"영재아동들을 학급에 넣지 마세요!" 몇몇 의원들은 엘리트주의에 대해 이렇게 소리친다. 그리고 다른 의원들은 이러한 학급에서의 가르치기는 좋은 학력 구분이 아니라고 말한다. 유대인 거리들, 사회적 혼합, 모든 커다란 이론들이 연이어 지나갔다. 또 다른 딜레마: 공립학교, 계약 사립학교, 비-계약 사립학교. 이와 같은 몇몇 사항들을 고려한 끝에 결정을 내렸다: 우리는 더 이상 다른 사람의 의견을 묻지 않

---

20) 《일반 학교와 다른 학교들을 위한 길잡이》, Pierre Horay Éditeur, 1998-1999.

고 힘껏 할 것이다.

우리는 다른 합리적인 조건들을 연구했다. 능력 있는 선생님들의 감독도 교육 내용도 없는 비-계약 사립학교는 제외시켰다. 하나 혹은 두어 곳, 좋은 학교가 있는 것 같으나 그것을 어떻게 알겠는가? 어찌 되었든 그곳들은 너무 비싸다.

계약 사립학교는 학생 모집에 있어서 선택이 자유롭다. 그는 학년말에 찬사로 가득한 성적표에…… 더 생각하지 말자: 그는 이곳에 받아들여지지 않을 거야.

공립학교는 지역 학교의 규칙들에 따라야 한다. 그리고 늘 동일한 이유들로, 예외에 대해 교장의 호의적인 의견을 바랄 수가 없다.

해결책들, 거의 없다.

논리적으로는 당연히, 영재아동들이——거의 얼마 안 되어 빠르게 휙 둘러볼 수 있게——적용된 학급이 하나 있는 공립학교 바로 옆에 살아야 한다.

이러한 분석에 강한 아이의 부모는 그들의 선택을 베르제네[21]의 세드르 중학교에 고정시켰다. 그들은 이사하기로 결정했다. 아빠는 파리로의 전역을 얻을 수 있다. 베르제네는 **RER**[22]로 연결된다. 그러면 이제 주거지를 찾아야 한다. 시간과 돈 등 커다란 에너지를 소비하는 일이나, 지금 있는 시점에서는 모든 방법을 해봐야 한다. 그리고 다른 아이들의 같은 어려움은 크지 않으니 문제는 해결될 것이다.

부모는 수많은 복덕방을 다니느라 지쳤다. 그들은 집에 관한 질문서를 채우는데, 십중팔구는 만족시키기 어려운 오직 한 가지 요구만을

---

21) 파리 근교 도시. [역주]
22) '에르으에르' 라고 말하는 파리와 주변 도시를 잇는 초고속 전철. [역주]

작성한다: 중학교 옆. 5백 미터 더 멀면 그들에게는 여전히 너무 멀다: 누가 알랴.

물질적 준비가 해결되면서 아이를 동반한 부모는 등록을 하려는 학교에서 자랑스럽기까지는 아니나 자부심을 보였다. 그들은 중학교 바로 옆의 아파트를 빌린 것이다. 학교지구 쪽에, 그들은 준비가 된 것이다.

그들은 친절한 안내를 받았다. 그러나 성적표를 보여주어야 하는 순간이 왔다. 점수들은 우수했지만 평가 면에서는 분명히 덜 좋았다. 아빠는 모범적인 중학생을 연기하는 중인 그의 아들에게 찌푸린 눈을 던지지 않을 수 없었다. 위선자! 그는 겉보기에는 매우 선한 것 같지만 실은 그렇지가 않다. 하지만 결국 그러는 편이 낫다. 교장이 아이의 성적표를 검토하는 동안 부모는 점점 더 불편함을 느꼈다. 그럴 수만 있다면 다른 곳에 있고 싶었다. 여교장이 그것을 다 읽어본 후 낮은 소리로 중얼거렸다: "영재아이군!" 그녀는 심지어 동정적인 눈길을 보냈다.

휴우, 끝났다. 그들은 그들이 만족스러워하는 서류들과 주거 증명 서류를 제시하는 사무실로 향했다. 그러나 더 이상 성적표에 관해서 말하는 것을 듣지 않기를 바랐다.

실제적으로 유치원과 초등학교에서는 존재하지 않고 중학교로서는 매우 한정적인 학교 선택이 고등학교와 대학에서는 다소 열려 있다. 교육 체제가 종종 지역서열기관의 권위에 의해서 강화된 만큼,

그 딱딱함으로 다른 이론적인 가능성들에 대해 부모에게 재량권을 맡기기를 차단한다.

아이는 자신의 거주지 **교육지구**의 학교를 가야 한다. 부모의 학교 선택에 대한 선거 공약은 한 번도 지켜지지 않는다. 그리고 예외의 가능성들은 제한되어 있다.

스스로 선택한 학교에 자신의 아이를 등록시키는 것을 금지하는 '고집 센 날'을 단 하루라도 갖지 않은 부모가 있겠는가?

행정은 다른 학교와 비교해 한 학교에만 특권을 부여하기를 바라지 않는다. 만일 한 명의 중학생이나 고등학생이 너무 많은 아이들을 사로잡는다면, 그것은 다른 아이들을 빠져나가게 하는 희생을 시키는 일이다. 더군다나 그곳에서의 사회적 혼합은 이롭지 않을 것이다. 장학관에게 "예외 신청에 대한 주의 깊은 심사와 학교들 간의 모든 경쟁의 절대적인 금지"가 요구된다.

그러면 경고를 받은 부모들은 어떻게 해야 하는가? 자신들이 원하지 않는 것을 하는 수밖에 없다고 그들이 믿는다면 그것은 잘못이다. 그들은 많은 계략적 수단을 동원한다: 비거주 구역 중학교의 선택, 희망 수준의 정원 감소 학교 탐지, 이사, 거주 증명을 위해 구역에 살고 있는 자신의 부모님이나 친구들 집에 전화선 설치, 주소를 얻기 위해 그 구역의 다락방을 구입(이것은 아이에게 거짓말을 강요하여 아이를 불행하게 한다), 아니면 단순히 동일한 지역 구분 법칙을 따르지 않는 계약 사립학교에 등록하기.

이원 구조의 공립 중학교와 고등학교를 피하기 위해서는, 무상 공립학교와 이원화로 지불하는 사립학교가 있다.[23]

몇몇의 파리 고등학교는 구역 학교 법칙을 다소 피하고 있다. 여전

이상한 녀석이군.
쟤는 플레야드 총서
의 지드 전작을 주면
항복한다고 해!

히 그곳에 제2학년으로[24] 입학하기 위해서는 방법을 알아야 한다.

그것이 어찌 되었든, 영재아동의 경우 이사 결정은 마땅하게 받아들여져야 할 것이다.

만일 엄마가 아이에게 알맞게 적용된 교육 방침의 학교에 동화되게 하려고 아이를 동반하러 집을 떠난다면, 그것은 가족을 희생시키는 것이며 좋은 방법은 확실히 아니다. 남편을 소홀히 한다는 것은 두 가지 위험이 있다. 눈에서 멀면 마음도 멀어진다! 다른 자녀들은 엄마와 떨어져 지냄을 어떻게 생각하겠는가? 게다가 이러한 가족의 혼란이 영재아동의 학업 성과 실패로 인한 것이라면 아이는 죄의식을 느낄 것이다. 그에게 중압감은 너무 클 것이고 그것에 건강이 영향받을 것이다. 만일 가족 모두가 자신 때문에 이사를 하고 가족이 직업 면이나 거주지 면에서 예전과 비교해 동일한 삶의 조건들을 찾지 못한다면, 아이는 마찬가지로 이 모든 것에 대한 책임 의식도 가질 것이다. 리옹에 살던지 카르카손[25]에 살던지 제 각각의 즐거움은 가질 수 있다. 그러나 이사는 즉석에서 행해지는 것이 아니다.

---

23) 이원 구조: 부모의 수입에 따라 차별 적용되는 제도로 순수 교육비 이외에도 아이들의 학교 급식비에도 적용된다. [역주]

24) 프랑스 중등교육 과정은 중학교 4년과 고등학교인 2학년, 1학년 그리고 마지막 학년인 테르미날 3년으로 한다. 프랑스 학제는 특히 학년을 나타내는 숫자가 클수록 아래 학년이다. 곧 2학년은 우리의 고등학교 1학년에 해당된다. [역주]

25) Lyon은 프랑스의 중부 지방으로 식도락으로 유명하고, Carcassonne는 남부 지방으로 스페인과 인접해 있다. [역주]

6학년

<table>
<tr><td colspan="3" align="center">**3학기 성적표**</td></tr>
</table>

과목	점수	평가
프랑스어:		
쓰기	16	
독해	18	우수한 성적이나 논쟁이 끊임없음.
철자법	20	아무 노력 없는 성과임.
문법	20	
라틴어		
수학	19	우수함 —— 매우 좋아함.
과학	19	너무 재빠른 과제 제출로, 노트 정리가 나쁨.
언어 1 쓰기	17	우수한 수준이나 지나친 참여로 성가심.
역사–지리	14	양호한 학기였음.
시민교육	19	뛰어남.
지구생명과학	17	그 혼자만 말한다!
기술	15	나아졌으나 방해꾼이다.
예술	16	독창적이고 창조적임.
음악	18	우수함.
체육	18	활동적이나 너무 지나치기도 함!

총평:

학습 결과 면에서 변화가 놀라움. 하지만 스스로 자제하는 법을 배워야 함. 학교 변경이 요구됨.

다시 찾은 열정

남동생과 여동생이 학교에서 나란히 배운다. 그들은 시립도서관을 자주 다니면서 끊임없이 더 많이 더 다양한 주제들에 대한 책들을 탐독한다. 그들은 텔레비전을 통해 감수성을 감동시킬 필름들과 역사 방송들, 현장 보도들(물론 만화 영화들도)을 보고, 인터넷 서핑을 하기도 한다. 그들은 부모의 관심 사항들을 자신들의 것으로 만들면서 가족의 폭넓은 문화적 이해를 이용한다. 세상에 대해 전부를 알고 싶은 자신들의 욕구를 배양하기 위해, 그들은 여기저기에서 자연에 대한 정보들을 수집했다. 그들은 그 정보들을 보존했고 아주 어린 나이임에도 그들의 지식은 이미 놀랍다.

열정은 우연한 만남에서 탄생하고, 인생은 그것으로 변경될 수 있다. 그들의 집에 한 마리 티티새의 출현으로, 영재아이의 능력을 다하게 하고 가족들이 본래의 평정을 되찾게 할 것이다. 그가 상처 입은 티티새를 거두어들인 날, 그는 얌전해졌다. 그는 새를 치료하고 낫게 한 후 시저라고 불렀다.

우울증은 사라졌고 병적인 허기증도 없어졌으며 손톱 물어뜯기도 끝났다! 심지어 반항도 끝났다. 그는 자기 방에 새장을 하나 들여놓았는데, 이 티티새 시저는 작은 새장의 감옥 창살을 못 견뎌 했다. 새를 집 너머 자유롭게 쉬게 해야 했는데, 그로 인해 몇 가지 귀찮은 일을 야기하지 않은 것은 아니다. 티티새는 주둥이가 딱딱하고 갈퀴발톱을 가졌다: 아이들이 시저의 호의를 받을 때는 시저가 그들의 어깨 위에 와서 앉지만, 손님들은 그를 별로 편안하게 느끼지 않았다. 손님들은 히치콕의 새들을 생각한 것이다.[26] 아이들의 부모는 자신들의 손님 초대가 더 이상 훌륭해 보이지 않았다.

심한 비난을 그들은 친구들의 시선에서 쉽게 읽었다. "아이의 모든 기분을 따라주는 것이 아이 기르는 방법이냐?" 하며, 삼촌들과 숙모들은 자신들의 관점을 표현하는 데 거북해하지 않았다.

다른 사람들의 의견이 무슨 상관이랴! 아이의 부모는 그들의 영재가 자신의 열정과 친절을 되찾은 것에 정말 행복했다. 그들은 곧 아이가 다른 관심들을 향해 돌아설 것을 바라면서, 적어도 이러한 강압들을 받아들였다(아이는 티티새의 수명이 어떠한가에 대해 정말로 알고 싶어했다).

아이는 시저를 조각했다. 그가 할 수 있는 모든 기회의 선물이었다: 어머니의 날, 아버지의 날, 그리고 생일들까지.

지금 아이는 한 조류 모임에 등록을 했다. 시저의 텅 비어 있던 새장에 다른 종류의 새들이 산다. 그는 아주 큰 기쁨으로 새들을 관찰하고 모이를 주고 돌보며 새장을 청소하기까지 한다. 한 더미의 책들을

---

26) **Alfred Hitchcock**(1899-1980): 영국 출신으로 미국에서 활동한 흑백 영화 시대의 대표적인 영화감독 가운데 한 사람이다. 주로 당대 최고의 여배우를 주인공으로 등장시켜 여성을 지나치게 가학적인 시선으로 다루는 공포 스릴러를 많이 제작했다. 그러한 그의 작품들 가운데 1963년 작품인 〈새〉라는 영화가 있다. (역주)

그는 손에 넣었고, 마침내 그가 기르는 종(種)의 습관들에 대해 척척박사가 되었다. 그는 모임에서——유일한 아이이면서——매우 존중받는 박식한 조류학자가 되어 있었다.

그는 자신의 열정과 관계된 영화들을 살펴보았다. 영화 〈알카트라즈의 죄수〉[27]는 감옥 마당에 들어와 앉은 새와 그 새가 감동시킨 죄수 사이에 우정을 그린 아름다운 이야기를 다룬다. 지금은 영화로 그가 관심의 방향을 돌린다. 그의 편애는 새와 아이들을 다룬 영화들로 특히, 감동적인 것으로(가슴에 말하는 모든 것은 그를 감동시킨다) 향하였다. 먼 훗날, 그가 제7예술의 역사가가 되려나?

그가 공부의 즐거움을 다시 찾은 이래, 그는 다시 지식의 강렬한 욕구자가 되었다. 그가 집으로 가져오는 책들을 모두 받아들이기 위해서는 집의 서재를 확장해야 했다. 루브르박물관 관람도 다시 시작했다.

한편, 그의 여동생은 물개들에 대해 모두 알았다. 나폴레옹 원정의 전략에 대해 열광했다. 이 여자아이는 정말로 사랑스럽다. 집에서 전문적인 정비를 필요로 하지 않은 주제들에 그녀는 푹 빠져 있다. 물개를 어디에 놓을 것인가?

그러나 그녀는 늘 그녀의 오빠보다 다루기가 훨씬 쉬웠다.

영화 〈무한한 힘〉에서 앤서니 로빈스[28]는 **열정**은 "자신의 진짜 잠

---

27) 알카트라즈는 스페인어로 '펠리칸'이란 새 이름이면서 샌프란시스코 주변의 섬의 지명인데, 그곳 험준한 바위섬에 처음으로 보금자리를 튼 새라는 것에서 유래한다. 미군이 그곳에 요새를 짓고 국방 요새로, 또 한때 절대 탈출이 불가능한 군 교도소로도 이용되어 당대 미국의 최고 흉악범들만을 수용했다. 그러한 연유로, 종종 영화의 배경과 주제를 제공하여 지금은 관광지로 유명하다. 〔역주〕
28) 잠재 능력 개발 연구가. 〔역주〕

재력을 얻기 위해 필요한 에너지"를 준다고 말했다. 열정은 모든 중요한 성공의 조건이다. 열정은 불꽃을 품고 창조와 끈기, 실패를 뛰어넘는 힘을 주어 이러한 것들을 초월하는 힘을 준다.

영재아동들은 그들에게 동기가 부여되면 특히 성공하는 데 열중한다. 그들은 또한, 그들이 편애하는 영역의 전문가가 되기까지 하는 경향이 있다. 그들의 선생님들과 부모들은 종종 그 아이들이 단 한 가지 주제에 집중하는 것이 그다지도 이르지 않은 아이들의 소양을 지키려고, 아이들을 억제하기가 고통스럽다.

아이들이 마시고 먹는 것을 잊어버리지 않았는가를 보살펴야 한다. 그들의 열정이 그들의 잠을 너무 침범하지는 않았는지도. 그러나 너무 그들의 용기를 꺾지 않도록 주의해야 한다: 아이가 열정적인 한, 아이는 우울증으로부터 안전하다.

영재학교 입학

더 이상 기대할 것 없는 교육 체제로 인해 흥미를 잃은 채, 아이는 희망 없이 중학교에 출석한다. 그는 단지 부모에게 과부나 고아를 더 이상 돌보지 않기를 약속했고, 절대적인 필요가 느껴질 때 학교 밖에서 배우기로 약속했다. 그러나 특히, 더 이상 그가 퇴학당하지 않게 눈에 띄게 행동하지 않을 것을 약속했다. 그리고 만일 그가 수업에 관심을 가진다면, 이것은 모든 것을 바꿔 놓게 된다. 가족 모두가 그에게 고마워할 것이다.

만약 그의 말을 따랐다면 그는 집에 남았을 것이고, 서신으로 수업을 따랐을 것이다. 하지만 부모는 자식의 교육 문제일 때는 상식이 부족하다는 것을 우리 모두가 안다.

그는 5학년에 들어가서야, 학교에서 이미 6학년 때부터 이미 함께였던 모든 영재 학생들과 만났다. 그가 불청객처럼 받아들여질 것인가? 그는 스스로에게 물어본다. 그러나 두려움 없이. 그는 인간 관계 면에서 아주 단단한 방벽을 설립한다.

사실 그는 정상적으로 받아들여졌다. 아이들이 그에게 말하고, 그가 지난해에 어느 학교에서 공부했는지, 어디에 사는지, 무슨 운동을 하는지를 물었다. 마침내 그가 더 이상 버려지지 않지 않았는가? 그

래도 그는 조심한다.

그는 첫날부터 이곳의 모든 것이 다르다는 것을 안다. 학습 속도가 매우 빠르고, 절약된 시간은 심화 학습과 지식의 증대에 이용되었다. 학생들은 더 이상 불필요한 반복으로 낭비되지 않는 이 자유로운 시간을 그들의 개인적인 연구에 바쳤다. 그들은 독창적인 사고와 자주적임을 증명해야 한다. 그리고 목요일 오후는 새롭게 발견하는 날이다. 학교 교육의 의무 강화, 더 높은 점수: 텔레비전 · 라디오 · 신문 편집실에서 학교를 방문했다. 어떻게 방송 · 필름 · 현장 보도가 만들어지는지 아이들은 무대 뒤에서 알아낸다. 유명인들을 인터뷰하였다. 유명인들과 접촉하기는 비교적 쉽다. 모든 인간들에게는 개발해야 하는 교육적인 재능이 있다. 그리고 수학적 게임들과 무대 활동, 브리지 게임 입문, 체스 등이 있다. 각자는 각자의 취향에 따라 선택한다.

사람들은 그에게 효과(수익), 공동 작업(그룹별 학습)을 기대한다. 사람들은 노력을 길들인다. 준엄함 이상을 때때로 따라야 한다.──직감을 지니고, 존중받음에도 불구하고 충분하지 않다. 그의 열정을 한 방향으로 유도하는 것과 다른 사람의 말을 듣는 것, 타인과 함께하는 것을 배워야 한다.

좋은 한해이다. 그가 학년초에 자신이 더 이상 일등이 아니라는 상상과 이제 성공은 그냥 이루어지지 않는다는 생각에 힘들어했지만 아이는 친구들을 얻었고, 자주 즐겁게 공부했다. 그러한 그도 주변 분위기에 자극을 받아 다른 아이들과 같이 좋은 성과를 얻었다.

그는 조용해졌고 선생님들은 그를 더 이상 다르게 다루지 않았다.

그의 영재학교 입학 후, 첫 성적표가 가족들을 행복 속에 빠지게 했다.

5학년

과목	점수	평가
프랑스어:		
쓰기	17	유머가 있는 섬세한 문과 학생.
독해	19	자신의 다양한 지식을 분별 있게 이용할
철자법	20	줄 아는 교양 있는 아이.
문법	20	
라틴어	20	우수함.
수학	20	우수함 —— 논리적 본능을 지녔음.
과학	19	우수함.
언어 1 쓰기	18	
말하기		뛰어함 —— 능숙함.
역사-지리	19	흥미를 보임 —— 학과에 전념함. 심화 학습에 취미를 붙임.
시민교육	18	또래아이에 비해 놀라운 교양을 지님.
지구생명과학	17	'현학자'
기술	17	매우 좋음.
예술	18	매우 창조적으로 미적 감각을 지님.
음악	17	우수함.
체육	19	우수함 —— 훌륭한 단체 정신을 지님.
총평:		
모든 관점에서 우수함.		

1학기 성적표

대 회

교육부나 사립기관들에 의해서 개최된 다양한 선발대회를 중학교의 선생님들은 학생들이 알고 대회에 참여하라고 부추겼다. 이러한 국립대회든 지역대회든 대회 자체는 모든 학생들에게 열려 있었으나, '지능적으로 뛰어난 아이들이' 그러한 대회에서 특별히 뛰어난 결과들을 얻었고 최우수 등급 순위도 그들에게 매겨졌다: 철자법대회, 현대문학, 시(詩), 수학을 위한 캥거루대회, 고등학생들의 화학 올림피아, 거주지대회 등등. 수상자들을 보상하기 위해 상금이 나누어진다. '지능적으로 뛰어난 아이들'은 상금이 없어도 경쟁을 좋아한다. 그러나 그들에게 특별 상금은 매우 자극적이다.

이렇게 우리의 영재는 (수학을 위한) 캥거루대회에 참가하여, 자신의 소속 부분(6, 5학년)에서 13만 5천 명 가운데 당당히 일등을 거두었다. 상금은 그와 한 사람의 동반자를 위한 10일간의 이집트 여행이다. 루서르와 아수안을 지나 카이로의 닐에서 아부심벨로 내려가기이다. 아빠가 그를 동반할 것이다. 그것은 동시에 꿈의 실현이고, 아빠와 아들이 서로를 더 잘 알게 되는 기회이다.

우리의 영재는 가능한 한 많은 대회에 나가는 것을 멈추지 않을 것이다. 대회에 우승하려면, 공부하고 조회하고 자료들을 검토하고 전문

자, 만족해?
전국고교 작문대회
사람들이 나를 교양의
지주단지라고 불러 주길
바라요.
PIEM

가들에게 질문해야 한다! 얼마나 아름다운 날들이 예상되는가!

이렇게 중학교의 마지막 해가 지나갔다.

아이의 부모는 그러한 사실에 너무 깜짝 놀랐다! 그것은 긴 소강 상태 기간이었다. 위기를 간신히 모면했다!

영재아동을 위한 교육학이 어느 단계로 향하고 있는가?

영재아동들의 특수성을 이해하는 것은 이 여정의 절반에 지나지 않는다. 담당 교사에게 자신의 지도 능력과 고쳐야 할 그의 실수들에 기대는 것은 당연한 일이다. 흥미를 지닌 아이들은 수업 시간에 매우 집중하지만, 배우기 위해 아이는 아무런 노력을 하지 않는다. 집에서 저녁에 그는 과제를 단 몇분 만에 할 수도 있다. 그러나 습득해야 할 개념들이 복잡해지면, 과제는 그의 쉽게 하는 능력을 보충해야 한다.

육상 선수는 어떻게 하는가? 그가 감각이 있는 만큼 고된 훈련을 해야 한다. 지능적으로 뛰어난 아이도 마찬가지이다. 이 장점으로 인해 개인적인 노력은 그를 고통스럽게 하는 것이 아니라, 반대로 그에게 기쁨을 줄 것이다. **개인적인 노력을 위한 교육**은 아이가 방향을 잃어버리지 않게 할 것이고, 아이의 재능 꽃피우기를 쉽게 할 것이다.

미래와 모든 인간을 기다리는 직장 생활에서 치르는 경쟁을 준비하기 위하여 교육은 아이에게 그가 살도록 요구된 사회에 동화되는 방법을 주는 데 있다. 성인의 일상에서 노력 없이, 수고 없이, 인내 없이 성공이란 존재하지 않는다.

직관적인 영재아동은 그의 두뇌가 어떻게 그를 결말로 이끄는지 알지 않고도, 다양한 문제들의 해결책을 찾아낸다. 그의 의지와는 상관없이, 그의 머릿속에는 정보들 자체가 결합한다.

한 어린아이가 직감적으로 1백 조각의 퍼즐을 맞춘다. 그가 더 자랐을 때 그는 3천 조각이나 5천 조각의 퍼즐을 시도하지만, 그의 직감은 그것을 하기에는 더 이상 충분하지가 않다. 그는 모양을 관찰하면서 한편으로는 형태에 따라, 다른 한편으로는 색깔에 따라 조각들을 놓고 분류를 해야 한다. 결국 그는 질서와 방법을 가지고 처리해야 한다. 아이가 더 이상 오직 자신의 직감을 자랑스러워하지 않게 될 때를 예상하여, 그의 인생에서 그를 따를 도구를 획득하도록 교사는 그를 도와야 한다: 그것이 **방법**이다. 그러나 교사는 마찬가지로 아이에게서 이 기적적인 직감이 고갈되지 않도록 신경 써야 한다: 엄격함을 위한 시간과 자유를 위한 시간을 간직하라.

영재아동은 공동 작업을 하도록 요구될 것이다. 다시 말해 함께하기, 협상하기가 요구된다. 그는 토론중에 자신의 신념을 포기하기가 매우 어렵다. 그는 타협할 줄 모르고 자신을 확신한다. 말할 것이 너무나 많은 그는 다른 사람이 이야기하는 것을 듣지 않는다. 한 가지 결점이지만 그는 특수하다: 그는 대화 상대자가 질문을 마치기 전에 대답하기 시작한다. 그는 선생님이 설명을 끝내기 훨씬 전에 학습 내용의 결론에 도달한다. 그것은 사람을 짜증나게 하는 일이다. 그를 한 방향으로 유도하고, 그에게 **듣기를 교육**하는 것은 그와 동료들과의 관계를 쉽게 할 방식이다.

다른 면으로 그는 **비판 정신**이 매우 발달해 있다. 지적인 그는 쉽게 상황이나 행동 양식의 균열을 지각한다. 그는 그러나 그것들의 아름다움들도 감지한다. 교육자는 그를 이 영역으로 잘 이끌어야 한다.

또한 그가 좋아하지 않는 것에 급하강하려는 욕구를 제어하도록 그를 도와야 한다.

교육 체제는 **창조성**과 독창성에 커다란 몫을 남겨 주지 않는다(유전학자 알베르 자카르는 그랑제콜의 준비반이[29] 학생들을 모두 같은 굴레에 들어가도록 꼼짝 못하게 하면서, 이러한(창조적·독창적인) 재능들을 소멸시킨다고 비난한다).

영재아동은 놀기, 꿈꾸기, 자신의 상상력이 달리도록 내버려두기와 같이, 그가 하고 싶은 것을 할 수 있는 시간을 가져야 한다. 교과 학업 과정의 너무 커다란 가속이(월반) 그를 속성으로 공부하기로 인도할 것이고, 그에게서 모든 아이가 가진 권리인 일종의 자유를 빼앗을 것이다.

학교 교육 체제 안에서 잘 생각해 보면, 너무 간략한 계획의 획일성을 변명하도록 심화 학습 활동들과 풍부한 활동들에 분명히 한 몫을 부여해야 한다.

영재아동은 매우 빠른 학습 속도를 가지고 있다. 그러나 그 속도는 그에게 중학교에서 가르치는 기본 개념들 너머로 가는 시간을 남겨 준다.

학문을 더 깊이 파기와 풍부하게 하기 사이에는 어떤 차이가 있는가? 주제를 대충 훑어보는 대신에 연구를 충실히 하기 위해 출처와 자료들을 찾을 때, 우리는 깊이 연구해 본다. 우리가 어떤 계획에 다른 영역들을 보탤 때 우리는 풍부하게 하기를 한다: 천문학·정보과

---

29) 바칼로레아 이후에(때로는 대학 과정 후) 우수한 학생들이 고등교육 전문기관인 그랑제콜에 입학하기 위해 1-2년의 준비 과정을 거친다. 수재들의 과도한 경쟁률은 구태여 말할 필요가 없다.[역주]

학·수족관(관상어) 애호 취미·연극…… 학교에서 이루어지는 이 실행 활동들은 낙후된 계층의 아이들에게 이것들에 접근하도록 허용한다.

여러 해 전부터 이 학급들에서 가르치는 선생님들은 교육학 방법 적용들을 수정했다. 그들은 저술을 하고 그들의 체험들을 성장하도록 노력하는 동료들에게 활용하게 했다.

영재아동들을 위해 잘 되어진 연구는 기쁨의 원천이다. 이 기쁨을 보존하도록 연구를 돕자.

텔레비전 현장 보도

　현장 보도를 위해 다른 방송국 채널에서 부모를 자주 초대했다. 그들은 증언하기는 받아들였지만, 방송된 다음 날 아이가 학교에 갔을 때, 모든 조롱의 대상이 될 거라는 생각을 하면서 아들의 상태가 좋지 않은 한, 아이가 촬영되는 것은 거절했다. 그것은 따돌림과 거북함을 더욱더 강하게만 할 것이다. 그러나 지금은 그가 자리잡았고, 신문들과 협회들의 간청은 점점 더 열렬하기에, 부모는 방송인들의 진보적인 논법을 받아들였고, 더 이상 그것을 반대할 예전과 같은 이유들을 가지고 있지 않았다. 약간의 중학교에서만 영재아동들을 위해 노력하기에, 학교 교육의 해결책들을 가져올 가능성이 있는 그러한 학교들을 사람들에게 알게 하고 안내해야 한다. 문제가 표면화되어야 한다: 재능이 있는 아이는 반드시 행복한 아이도, 필연적으로 우수한 학생도 아니다. 그러나 아이 자신의 습득 속도와 지적인 관심들을 존중하면 아이는 그렇게 될 수 있다. 돌보는 아이들에게 그것을 알게 하라.

　부모는 황금 시간대에 시청률이 좋은 방송, **프라임 타임**을 선택했다. (프로 이름을 보고, 한 장관이 영어 특유의 표현들을 금지하기를 바란다고 말했다는!) 아이의 부모는 촬영 방식에 대한 협정서를 작성하기 위해 방송기자들을 오랫동안 맞이했고, 방송을 위해 선결되어야

할 일에 협력하였다. 촬영은 아이들의 모든 생활 모습 안에서 그들을
따라다닐 것이다. 가족·집·학교, 과외 활동 시간까지도. 만 이틀의
촬영을 예상해야 한다. 기자들은 중학교 교장 곁에서 형식 절차를 맡
았다. 몇몇 선생님들이 그들의 수업 시간 동안 촬영하는 것을 동의함
으로써, 마침내 계획이 잘 시작되는 것 같았다.

그러나 딸아이의 학교는 고려하지 않았던 것이다. 초등학교는 교장
이 모든 것을 장학관에게 허가를 요청해야 한다. 그리고 장학관은 (거
주지 지정) 학술원 교육담당관에게 의뢰해야 하고, 그는 대학구 본부
에 문의하면서 책임을 전가한다. 설명을 요구하거나 반대가 쏟아질 것
이다. 매우 복잡하니 딸아이의 학교에서는 촬영을 하지 않으리라——
중학교에서의 현장 보도에만 집중하리라.

어느 날 아침 촬영 팀이 도착했다. 영사기들이 설치되고, 카메라는
고정되고, 가늘고 긴 막대 마이크가 준비되었다. 영상 배치들의 위치
를 점찍었다. 분위기를 더 생기 있게 하기 위해 학급 친구들이 초대되
었다. 그리고 기자들은 매우 많은 사람들이 영재아동을 자녀로 두는
것에 관심이 많다며 친절했고, 이 주제에 대해서 호기심이 있었다. 초
기에는 아이들이 겁먹어 위축되어 있었다. 그러나 첫 순간이 지나자
아이들은 흥분했다. 아침 식사, 점심, 놀이, 과제물들을 따라 걷고, 앉
고, 운동장을 달리면서 방, 서재와 컴퓨터 등을 보게 했다. 그 모두가
좋은 기분과 즐거움을 불러일으켰다. 대화가 시작되었을 때 분위기가
다시 차분해졌다. 다소 불안이 보인다. 영재아이는 자기 이야기를 해
야 한다. 그러나 그는 이것을 좋아하지 않는다. 그러자 그의 부모도
애간장을 태웠다.

그리고 중학교로 향해 출발했다. 휴식 시간의 운동장, 교실들, 실습

실들, 경기장 등 모든 그의 교과 활동들 범위 안에서 아이는 그의 친구들과 함께 촬영되었다. 매우 빠르게 아이는 카메라를 잊어버렸다. 촬영은 그에게 더 이상 자극이 되지 않았다.

만 이틀의 촬영 가운데, 1시간 30분밖에 남지 않았다. 2시에 스튜디오 플로어에 초대된 전문가들과의 인터뷰가 있다. 그것은 얼마나 많은 촬영 장면들이 사라지는가를 말한다. 참여한 모든 사람들과 잘려나간 사람들 모두가 실망했다. 채택된 출연 장면들은 발언자들이 늘 바라던 장면들이 아닐 수도 있다. 그러나 현장 보도들도 좋고, 점점 더 많은 사람들이 관심을 가졌다.

중학교 전체가 방송을 초초하게 기다렸다. 일반적으로 방송은 예정된 날짜에 방영된다. 그러나 중요한 사건들이 일어나면 방송 일정이 바뀔 수 있다. 그래서 아무도 그것을 기다리지 않던, 어느 날에 방송이 되어 단지 우연히 몇몇의 시청자 위로 떨어지기도 한다. 이 촬영에서는 텔레비전 스튜디오에 아이들이 초대되어, 그들은 좋은 추억 하나를 간직했다.

중학교 교장이 (스튜디오) 플로어에서 인터뷰할 것임을 신문기사로 알게 되었다. 교육부 장관의 기술 고문이 그를 본부로 초대했는데, 조용한 담화중에 그녀에게 교장이 '신중' 할 것을 권했다. 이 지적은 설명을 야기시켰다: '신중' 하라가 무슨 의미죠? 그러나 예절 특히, 계급 기관의 행정적 언어에 전문가인 교장에게는 설명이 필요 없었다. 그것은 분명했다. 고문인 그녀가 자신의 대담자를 안심시켰다: 그녀는 신중했다. 다시 말해 그녀는 기관을 공격하지 않았다.

이로 인하여 교육부는 준비된 방송이 이미 상자 속에 있다고 알려주었다.

형제애의 성장

　그와 여동생은 소강 상태이다. 그러나 형제애가 자란다. 감정적으로 지금 맞서야 한다.

　어린 막내, 학급에서 혹평받은 그 역시 영재이다. 그의 위 형제들과의 차이라면 그는 체념하고 받아들일 줄 모른다는 것이다. 그리고 이 계속되는 전쟁으로 지친 엄마는 그가 더 상처받기 쉽다고 느끼기에 막내인 그에게 더 애착을 갖는다. 그녀는 더 이상 모든 것을 고려하려 하지 않는다. 그리고 모든 경우에 막내가 옳다고 인정한다. 교육적인 측면에서 엄밀히 말해 좋은 방법은 아니다.

　그녀는 그를 최선을 다해 방어했다. 왜냐하면 교사들이 그를 받아들이지 않고 그를 웃음거리로 만들고, 그를 의자에 앉힌 채 교실의 구석에서 벽을 바라보고 있게 하였기에. 다른 아이들이 그를 때리고 그에게 침을 뱉고 하여 엄마는 아이가 완전히 망가졌다고 생각하였고, 다른 사람들에게는 거부했던 것들을 그를 위해서는 받아들였다: 그녀는 더 아무것도 배울 것이 없는(왜냐하면 더 아무것도 머리에 들어가지 않아서) 학교에서 아이를 꺼내야겠다고 결심했다. 그의 머리가 너무나 모욕감으로 가득 찼고, 그의 가슴은 슬픔으로 너무도 가득 찼는데 어떻게 수업 시간 동안에 그의 주의력을 고정시킬 수 있겠는가? 그는 완전히 전면 차단 상태였다.

신경세포 체계[30]는 아마도 긍정적으로 기능하는 방식으로 활발히 움직이거나 혼란을 일으킬 수 있다. 아이에게 주변 환경이 긍정적일 때, 다른 뇌신경 단위와 망을 형성하는 뇌의 활성화를 가능하게 하여 지식도 넓어진다. 부정적인 의미는 신경세포를 따라다니는 전기적·화학적 변화를 느리게 하거나 방해할 수 있다. 부정적인 상황일 때 뇌의 활성화 체계에 나쁜 영향을 끼친다. 이것은 **억제** 현상인데 뇌세포더미, 뉴런의 활동성이 줄게 된다. **장애** 현상은 다시 말해, 주어진 상황에 대해 감성적으로나 지성적으로 반응하기가 불가능함을 말한다.

결과는 줄어드는 그의 지식들뿐만 아니라 혼란된 그의 뇌세포 체계도 대상으로 장애를 일으킨다. 달리 표현해 보자면 아이의 환경이 특별히 고통스러울 경우, 모든 학습을 방해하는 이 과정을 역류시키려면 아이에게 가치를 높이는 이미지를 만들고 그에게 긍정적 가치가 지배적이게 하는 노력을 배가시키는 것이 무엇보다 중요하다.

그리고 격려, 축하 특히 환경 바꾸기가 요구된다. 만일 1백 개의 실패 가운데 한 개의 성공이 나타난다면, 이 성공 한 개만이 간직될 것이다. 이 방향으로 빠르게 움직이거나 상황을 오래 지속되게 두느냐에 따라, 다시 오르기에 경사는 다소 길다. 끊임없이 학생의 가치를 과소평가하는 선생님, 자기 아들이나 딸에게 일평생 그들이 아무것도 될 수 없으리라고 반복하는 부모는 아이에게 아무런 기회도 주

---

30) 미셸 뒤므, 국립 사회과학연구소 소장. 개인적인 담화.

우리가 접근하는 것을
차단했어요.
PIEM

지 않는다. 너무 많이 기대하지 않는다는 조건하에 선생님은 교체할 수 있다. 그러나 부모는 그럴 수가 없다. 결과를 끌어내는 것은 그들에게 달려 있다.

장애는 감정적인 충격의 경우, 일시적인 것일 수도 있다.

폴리테크닉의 한 여학생이 같은 학교의 학생인 약혼자에게 물리학 수업 바로 전에 그들의 약혼 파기를 알린다. 약혼자였던 남학생은 당황했고 주의력을 고정할 수 없어, 쉽게 받아들였던 이 수업의 어떤 개념도 붙잡을 수 없다. 놀라운 것은 이 학생은 앞으로도 이 내용을 전혀 이해할 수 없다는 것이다. 이해하고자 그는 여러 번 다시 시도해 보았으나 성공하지 못한다. 그는 학업을 정상적으로 계속했고 그에게 가르쳐졌던 모든 지식을 얻었다. 그러나 그는 이 개념만은 전혀 알 수가 없다. 학습에 있어서 감수성의 영향은 이만큼 지대하다.

이제부터 어린아이는 집에서 교육을 받을 것이다(그것을 이용해 그의 엄마는 그와 함께 공부를 다시 했다). 그가 받아들이는 의미는 이제부터 전적으로 긍정적이면서, 매우 빠르게 그의 신경세포가 점점 더 빽빽한 망으로 다시 활발해졌다.

마침내 새로이 그가 지식에 열려졌다. 잠자리에 들 때는 엄마가 아이에게 작가들·음악가들·철학자들에 대해서 멋진 이야기들을 하는 특별한 순간이다. "마르셀 프루스트는 7세의 어느 저녁에 그가 막 생일 선물로 받은 책 《사생아 프랑수아》[31]를 엄마가 읽어 주었다. 그는

---

31) 조르주 상드(George Sand, 1804-1876)의 1850년 작품으로 소박하고 단순한 전원 생활과 풍경을 그렸다. (역주)

감정을 고조시키는 이야기와 엄마를 자신의 곁에 잡아두고 있는 행복
감으로 흥분하여, 이야기를 듣느라고 밤새도록 깨어 있었다. 이 에피
소드는 그의 인생에서 깊은 인상을 남겼고, 아마도 작가로서의 사명
감에 영향을 주었다." 얼마나 아름다운 이야기인가! 다음 날 아이는
엄마에게 《사생아 프랑수아》를 읽어 줄 것을 부탁했다. 얼마나 그가
어린 프루스트와 가깝게 느끼는가! 아인슈타인·모차르트…… 엄마가
해주는 이야기들은 그의 생활의 일부였다. 닌자거북이하고는 거리가
멀었다.

마찬가지로 음악·회화에도 입문한 막내아이는 단지 깨우친 것이
아니라 이제 박식해졌다.

그리하여 가족 모두에게 이상적인 시절이 시작되었다. 장남은 얌전
해졌고 둘째인 딸아이는 붙임성이 있고, 그리고 막내와 엄마는 열렬
한 사랑을 체험한다. 아이가 엄마와 만드는 관계는 사랑의 주고받음
을 입증하고, 이 욕구를 그는 절대 떠나지 않으리라는 것을 증명한다.
그는 오이디푸스에 완전히 빠졌다. 아마도 가족 모두는 그가 어려운
상황에 처해 있다는 것을 몰랐다. 오랜 평온함은 영재아동들로 구성
된 가족하고는 양립할 수 없다. 그러나 그것은 다른 이야기이다.

요컨대 영재아이들을 갖는 것은 근사한 일이다.

학교 공포증을 키우는 아이들이 있다. 그들은 학대받는 사람들로
서 학급으로 돌아간다는 생각이나, 쉬는 시간 운동장에서 자신들을
학대하는 학생들 가운데 있는 생각만으로도 아침에 학교로 출발하
기 전, 울고 배가 아프고 구토를 하는 것이다. 이러한 극단의 경우에
부모들은 이따금 아이들을 이 나쁜 취급에서 벗어나게 해주는 것 이

외에 다른 방법이 없다. 그러나 **아이를** 학교 교육으로부터 **이탈**시키는 것은 매우 중대한 사안이며, 어쩔 수 없는 최후에만 이 수단을 동원해야 한다. 이 수단은 아이의 소외를 한층 더 두드러지게 하는 것이다. 아이가 다른 아이들과 대면하는 것을 배우지 않는 것은 아이가 사회에서의 삶을 준비하지 않는 것이다. 인간은 은둔자가 아니다. 만일 이 예외적인 수단이 취해지면, 시간과 기간을 제한해야 하고 그동안 아이는 그의 가족들 안으로 돌아가야 한다. 또한 이 심리요법은 아이를 학교로 돌아가게 하기 위한 방법으로 유용하게 활용될 수도 있다.

집에서의 교육의 장점은 지적인 면에서 이론의 여지가 없다. 예전에 귀족의 아이들은 가정교사에게 맡겨졌고, 이 아이들의 업적에 관한 일화들은 우리를 꿈꾸게 한다.

그러나 인간 관계 면에서 이것은 커다란 부정적인 측면이다: 다른 친구들과의 간격이 커지는 것을 발견한다. 친구를 만드는 것이 영재아이의 경우 이미 쉬운 일이 아니다――만일 그의 관심이 또래 아이들과 너무 멀어지면 대화는 불가능해진다.

쉿! 잠들려고 내게 이야기책을 읽어 주고 있어요.
프루스트
PIEM

자율성

막내에게 보호자를 떠나는 적절한 시기가 전혀 오지 않을 위험이 있다. 그는 엄마에게 전적으로 의존적이다. 또한 천성적으로 다른 형제들보다 더 약하다. 다른 사람들에게 그가 덤볐을 때, 그는 매우 불행했다. 그때 엄마는 그와 세상 사이에 보호 장벽을 세우고 그를 방어해야 했는데, 과도하게 보호하면서 그에게서 자신의 자연적인 방어를 빼앗을 정도에 이르렀다. 버려진 어린 야생동물들은 사람들에 의해서 수용되었고, 사람들은 그 동물들을 먹이고 돌보아 그 동물들이 자연 속에 다시 풀려나 있을 수 없다. 왜냐하면 그들은 먹이를 먹고 방어하는 것을 배우지 못했기에 매우 빠르게 다른 동물들의 먹이가 된다.

지적인 그가 직업적으로 빛나는 성공을 알게 되리라는 것을 확신할 만하다(아마도 연구자나 의사같이 혼자 일할 수 있는 직업 가운데). 그러나 감성적인 면에서 어떻게 그는 마음이 떨어져 나갈 수 있을까? 그가 성인이 되었을 때의 삶은 어떠할까(그리고 그의 아내의 삶은)?

교육은 의무적이나 취학은 그렇지 않다. 만일 부모가 그들의 아이를 집에서 가르치기를 희망하면 교육부가 감독할 수 있도록 그들 관할 구역의 교육 감독관에게 그러한 사항을 알리면 된다.

어떤 부모들은 아이 교육 돌보기를 혼자 떠맡는다. 그러나 그것은 매우 무거운 부담이다.

국립원격교육센터(CNED)는 교육부에 속해 있는 공공 기관이다. 학습 단계가 올라가고 교육부의 교사들에 의해 과제물이 채점된다. 부모들에게는 값진 받침대이다. 아이가 다시 공공 교육에 동화할 때 시험을 치르지 않는다.

갖춰야 할 조건이 무엇일까?

— 모든 학교 교육에서 멀리 떨어짐(망명자들의 아이들이 국립원격교육센터에 도움을 청한다).

— 중학교나 고등학교에서 존재하지 않는 선택 과목을 희망함(예를 들면 아주 드문 외국어이거나 오래된 언어).

— 이동 불가능한 상태의 병이나 사고.

— 학교 공포증.

증명서류는 신청자의 지지에 의한 것이어야 한다. 끝의 두 경우는 의사가 증명서를 발급해야 한다.

고등학교 입학

영재인 큰아이가 고등학교에 입학하는 날이다. 그를 위해 부모는 확실한 방법을 선택했다. 평등주의의 이름으로 독자적인 중학교에 모두를 위한 고등학교를 주창하며 사회적 혼합을 격찬하는 모든 사람들인 장관들·교육자들·조합운동가들의 아들들과 같이 아이가 2학년 때부터 가까이 지내게 될 '거대한' 고등학교들 가운데 하나에 입학한다. 아이의 친구들은 정부위원회 일원들의 손자, 손녀들이다.

어쩌면 품위 없는 타블로이드판 신문이 어느 날, 전술(前述)한 장관들과 회원 등의 아이들이 많이 드나드는 학교 기관들의 명단을 게재할 것이다.

아이는 이 고등학교에서 만족했다. 그는 지적 자주성을 더 가졌고 학습 속도도 매우 빨랐다. 이미 중학교에서 공부하는 것을 배웠고 그가 받은 교육은 전적으로 그에게 알맞았다.

그의 학업은 순조롭게 진행되었다.

그는 훗날 직장 생활에 도움이 될 인간 관계를 맺었다. 그처럼 다른 젊은 사람들과 뛰어난 소녀들을 만나는 그에게 주어진 좋은 기회의 덕택으로 밤늦게까지——그를 황홀하게 하는——과학·문학·정치가 섞이는 문화적인 교류의 대화를 가졌다. 마침내 그는 모든 사고가 풍부해지는 도가니의 중심에 있었다.

　이러한 고등학교에서 행복해지려면, 우선 영재여야 한다는 것을 역설해야 한다. 2학년 때부터 지능적으로 많은 가능성을 지니지 않는 학생들은 노력의 힘으로 가능성을 얻을 수는 있지만, 피어오를 수는 없다. 그러한 학생들로서는 압박감이 매우 강해, 자살로 몰고 가기도 한다. 나중에 우리의 영재는 무엇을 할까? 기술자·의사·연구자·기자·연극배우가 되기를 선택할까? 선생님들은 그에게 그랑제콜 준비반에 들어갈 것을 강요한다. 그것은 2년 동안이나 그의 독창성과 창조성, 그의 발의(發意) 취향과 직감각(直感覺)에 그다지 많은 자리를 제공하지 않을 작업장이 될 것이다. 하지만 반면에 그에게 매우 유용하게 될 학습의 힘을 얻게 될 것이다. 더군다나 이각모를 쓰고 한쪽에 칼을 차고 7월 14일에 행진하는 그를 너무도 보고 싶어하는 부모를 기쁘게 하기 위해, 폴리테크니시앙이 될 수 있을 것이다.[32] 어쩌면 국립행정학교 출신의 고급 관료, 혹은 둘 다……

　어찌 되었든 이제부터 그에게는 모든 문이 열려 있다.

---

32) 이미 언급한 바 있다(참조. p.60, note 6)). 〔역주〕

첫사랑

그는 이제 16세가 되었다. 파리의 뤽상부르 공원에서 어느 봄날의 오후, 그는 매우 아름다운 한 소녀를 발견한다. 갑자기 그의 가슴이 두 방망이질치기 시작했다. 소녀는 그의 시선에 놀라 그녀의 가장 아름다운 미소를 보낸다. 매일같이 그들은 서로 마주쳤다. 그는 용기를 내어 그녀에게 말했다. 마침내 그들은 친구가 되었다. 소녀는 그에 관한 모든 것에 관심이 있었는데, 그 중에서도 그의 공부에 대해 관심이 아주 많았다. 그는 우수한 학생인데 그녀는 형편없었기에 그녀는 웃었다. 그들이 나누는 관심들은 더 이상 문화적이지 않았다. 하지만 상관없다! 왜냐하면 그들은 사랑하고 그녀는 너무 예쁘다!

새로이 달라진 그를 보라!

너무 무거운 **IQ** 때문이 아닌, 다른 누구에게도 찾을 수 없는 그녀의 아름다움 때문에, 커다란 가슴으로 그녀가 그를 볼 때는 사랑의 눈으로 보는 까닭이다.

PIEM

협 회

모임이 힘을 가지면서 부모는 '소송'의 격렬한 투사가 되었다. 아이들의 자기 실현을 방해하며 모든 아이들을 획일화하려는 교육 체계를 규탄해야 한다.

어떤 정신착란에 의해서 모든 인간은 지능적으로 동등하다는 결론에 이르렀는가? 인간은 왜 육체적·심리학적·예술적·스포츠적·음악적으로 다르겠는가? 지능적으로도 왜 다르지 않겠는가?

모든 아이들이 공부에 접근한다면 그것은 올바르지 못하다. 어찌하여 아이들을 모두 같은 틀 안에서 같은 속도로, 같은 방식으로 가게 하려 하는가?

사회에서 어떤 영역이든 공통적인 생각을 벗어나는 것은 부적절하고, 규칙을 위반한 고립된 사람은 자기 의견을 듣게 할 수 없다. 그것은 철 도자기에 대항하는 토기 항아리이다. 민주주의 사회가 더 계급적일수록, 민주주의는 사용자에게서 멀고, 라틴어 음성에서 정작 문자의 의미에는 귀가 멀었으며, 1901년의 법과 관련된 협회의 숫자만 많아진다.

지능적 영재아동을 위한 협회[33]의 역할은 무엇인가?

협회의 기본적인 사명은 영재아이를 둔 부모들이 서로 만나고 서로를 도울 기회를 제공하여 더 이상 그들이 혼자라고 느끼지 않게 하는 것이다. 그들에게는 그것이 커다란 위안이 된다. 방송국은 영재아동들이 자신들과 같은, 다른 영재아이들을 만나도록 프랑스 전역에 모임을 조직하고, 문화 탐방과 소풍 등을 지속적으로 개최할 것을 약속했다. 또한 방송은 부모들과 교육자들이 영재아동들을 인식하고 그들을 이해하도록 돕는다.

영재들에 대해 보급된 책들은 그들의 가족들에 의해서 다루어진 주제들로 가장 많이 그려졌다. 그리고 교육부에서 나온 법과 규칙들은 그들의 지식에서 초래된 것이었다. 협회는 교육자들과 행정 기관 곁에서 중재자 역할을 할 수 있다. 하지만 최소한 그들의 사명이 거기에 있지는 않다.

과학적·예술적·문학적 자질을 지닌 어린이나 '능수능란한 젊은 이들'을 잘 인도하기 위해 협회는 영재아동들의 부모들을 알테르(ALTAIR)[34]와 같은 활동 증대 모임이나 바캉스 기관들로 안내하는 의사, 심리학 전공 상담원, 발음교정사, 쓰기 치료사들의 기록이 잘 정리된 주소록을 가지고 있다.

협회 활동의 다른 중요한 측면은 아이들의 교과 교육에도 관련된다. 만일 학교 교육으로 아무런 응답이 없다면——아마도 지루함에서 온——아이가 영재라는 것을 안들 무슨 소용인가?

협회는 영재들의 동화가 쉽게 이루어지게 하기 위해, 전통적인 일

---

33) 프랑스 영재아동협회 정관 발췌.
34) 과학전공 진행자들에 의해 마련된 바캉스 기간이나 주말에 아이들의 체류를 통한 다양한 과학적 체험과 발견을 목적으로 조직된 모임이다. 〔역주〕

반 중학교 교장들에게 영재들을 위한 학급이나 혼합반의 내부에 영
재들의 그룹을 만들 것을 부추긴다.

공교육은 대학 직업 교육연구소(IUFM)의 범위 내에서, 사교육은
국립 전문 교육 가톨릭연맹(UNAPEC)의 범위 내에서 교육자들로 구
성된 협회에 교육학 팀이 결합되어 있다. 결국 만일 (아동)교육학이
영재아동들의 요구들에 적합하지 않다면, 조직(기관)들을 세우는 것
으로는 충분하지가 않다.

마침내 영재성의 타고난 차이를 보편화(일반화) 교육이 책임지도
록, 영재아동협회는 대중의 힘을 듣게 하려고 노력한다.

대화와 토론

　이 협회들은 학회들과 토론들을 기획하기 위해 연구자들, 대학 교수들, 심리학자들, 의사들과 같이 탁월한 강연자들의 협력을 간청한다. 그리하여 대회들은 최고의 후원 아래 화려한 장소에서 맞이하게 된다. 항상 참석자들은 매우 많은데, 개인적 혹은 직업적 자격으로 부모(대다수가 엄마들)·의사·교육자로 구성되어 있다.

　그러나 몇 가지 기획의 문제는 늘 있다. 어떤 때는 발언자가 비행기를 놓치고, 또 어떤 때는 발언자가 다른 외국 임무에 불려진다. 오버헤드 프로젝터가 작동이 안 되고, 마이크가 잘못 조절되기도 한다. 어느 발표자는 영어로만 발표하는데 어떤 번역도 예견되지 않고, 어느 발표자는 겨우 간신히 들리고…… 또 어느 발표자는 계속 발언하면서 다음 발언자에게 차례를 돌려주려 하지 않는다. 어느 한 발언자는 길고 넓은 연단(演壇)을 두루 돌아다니다가 엉켜져 있는 비디오 녹화기의 전기선에 발을 들여놓는다. 간혹, 한 훌륭한 학자가 대회를 혼동하여 영재아동 대신에 주거 부정자(고정된 주거지 없이)에 대해서 말한다. 그곳에서 우연히 그를 따르는 대중을 그는 오후의 데모에 초대하기도 한다.

　그러나 이러한 불의의 사고들은 세계 모든 대회에서 보다 더 잦은 일은 아니다. 발언자들의 신분을 감안해 그들은 매우 빠르게 용서되고, 그들의 주장은 통과된다. 말해진 모든 것은 매우 위안이 되고, 새로운 관점하에 소개된 영재아동들의 행동을 잘 이해하는 데에도 많은 도움을 준다! 관중은 '고상한' 느낌으로 행복하고 감사하며 열정적으로 박수를 친다(장소를 착각한 사람까지도).

영재아동은 더 이상 외계인이 아니다. 만일 이만큼 자격 있는 사람들이 그의 문제에 관심을 가진다면 그가 관심받을 만하기 때문이다.

휴식 시간 동안 엄마들은 조심스럽게 발표자들을 둘러싼다. 특히 우수한 발언자들을. 영재부모들은 흥분되어 떠난다.

> 영재아동에 대한 대회들과 학회들은 부모들과 전문가들에게 영재아동에 대해 알려야 할 운명에 놓여 있다. 논의된 주제들이——기억·잠·독서 장애·뇌——영재아동에게만 국한되지는 않는다. 이러한 기회에 발언하는 연구자들과 대학 교수들은 늘 그들의 연구에 대해 알린다. 그들은 자신들의 연구들 가운데 영재아동들의 독특한 특징들을 분명히 밝힌다.

전
후
PIEM

부모가 해서는 안 되는 것들

영재아동들의 부모는 빈번히 이해되지 못하는 아이들의 고통에 냉담하게 있을 수 없다. 그러나 일부 부모들의 행동은 자신들의 아이를 학교에서 퇴학에 이르게 한다.

예를 들면 첫번째, 선생님은 매우 친절하고 매우 약한 한 아이를 참지 못했다. 그 아이에 대한 심한 혐오감을 가지고 있었다. 그녀는 교무실로 가면서 이 동료 저 동료에게 자신의 불만을 털어놓았다. 아이의 아빠는 그녀와의 대화를 가지려 한 후 보람이 없자, 교장에게 직접 호소했다. 중재하는 대신에——아니, 적어도 알아보려 하는—— 마치 교장의 의무가 그것인 양 교사를 '감쌌다.' 겨우 아이의 아빠를 문 밖으로 내쫓지 않았을 뿐이었다. 학급 아이들 모두 앞에서 아이를 모욕하는 이 교사와 다른 사건들이 일어난 교사는 '재능이 뛰어난'과 같은 표현 이외에는 아이를 더 이상 지칭하지 않았다. 그리고 그의 부모를 비웃었다. "항상 그들의 귀여운 아들을 이른바 재능이 뛰어나다며 떠받들고 다닌다." 아이의 아빠는 교장에게 새로이 약속을 청했다. 대답을 얻지 못하자 그는 다음과 같은 편지를 보냈다:

"교장 선생님께,

내 아들에 대하여 F 선생님의 무례한 행동과 악의에 대해 당신의 주의를 끌었으나, 아들을 모욕 주기를 즐거움으로 여기는 이 못된 선생님의 손 안에서는 쉬운 먹이인 아들을 그가 공부할 수 없게까지 불안하게 한 후, 그를 벌과 경고로 괴롭힙니다. 저는 당신으로부터 도움을 기다렸습니다.

당신은 학교 교장으로서 행동을 하지 않았습니다. 왜냐하면 학급의 다른 선생님들에 의해 F 선생님의 태도를 비난하는 사건이 알려졌습니다. 10세의 아이에게는 너무나 고통스러운 이 상황이 종결되도록, 그들 가운데 한 분이 이 주제에 관한 전개를 당신에게 할 것을 종용했습니다만 당신은 개입하지 않았습니다.

결과적으로 저는 당신을 비난합니다. 비난의 이유인즉:

— 교장은 그가 두려워하는 선생님께 아무런 권위도 없다.

— 대화를 모두 거절했다.

— 교장은 학생들을 보호하려고 하지 않는다.

— 교장은 자신의 책임으로부터 도망친다.

인사는 드리지 않겠습니다.

M. B….”

아이에 대한 가혹한 행위는 이 편지를 받던 날 멈춰졌다(교장은 마침내 중재해야만 했다). 하지만 아이는 학년말에 기만적인 변명 아래 그의 (남녀)형제들과 함께 퇴학을 당했다.

간혹 중재자 역할을 하는 협회들도 그러한 편지 후에는 더 이상 아무것도 할 수가 없었다.

두번째 예를 들면 방과 후 학교에 남는 벌의 주 대상이 되는 한 학생이 있었다. 그러나 그 벌책은 대부분의 경우가 부당했다. 어느 날 교무주임이 그에게 3시간 남아 있는 벌을 적용했다. 그러나 아이의 엄마가 자습실에 나타났고, 오후 내내——아들을 대상으로 마련된——프랑스어 연습을 그녀가 대신했다. 학년말에 그 아이도 퇴학당했다.

세번째 예는 자신의 딸이 영재라는 사실을 알게 된 날부터, 한 엄마는 가족의 모든 환멸을——가족이 많았다——영재성의 문제에 전환했다. 영재 이야기 이외에는 아무것도 말하지 않았다. 영재아이에 대한 중압감은 이 가여운 어린 아이가 병에 걸리게까지 하였고, 이로 인해 주간병원이 그녀를 책임지게 했다.

이러한 세 가지 이야기는 부모들이 해서는 안 되는 전형적인 예들이다. 행정을 상대로 소송을 거는 소송을 좋아하는 부모들과, 해야 할 것들을 한 학교들에 비난을 퍼붓는——자신들의 아이들과 성공하지 못한——사람들을 잊지 말자. 때로는 교육 기관의 잘못이고, 때로는 부모들의 잘못이다. 아무도 완벽하지 않다. 그렇지만 중립적인 중재가 서로를 듣게 할 때마다 그렇게 맺어진 대화는 아이들에게 그들의 재학 기간 동안 더 잘 생활하도록 한다.

언어 매체(미디어)

몽테스키외에 따르면 사회는 세 개의 힘을 가지고 있다: 행정부·입법부·사법부. 그러나 사회가 민주적이기 위해서는 이 세 가지 힘들이 나누어져 있어야 한다.

만약 오늘날 그가 《법의 정신》을 썼다면, 방송 매체를 언급하는 것을 빼놓지 말아야 한다. 네번째 힘인 언론은 절대 나누어져 있지 않고 사실, 첫번째 힘(행정부)을 구성한다. 언론 매체가 없이는 구원도 없다.

협회들은 언론을 수단으로 동원하고, 언론 매체는 협회들을 동원한다. 주제는 시청률로 만들어지기에, 언론은 모든 방면으로부터 자극을 받는다. 현장 보도들을 위해서는 중학교·가족·아이들까지 준비해야 한다. 대중의 요청은 때때로 기상천외하다: "달력을 외우는 10세의 아이를 찾아 주세요. 정리(定理)를 발견한 10세의 수학자를 찾아주세요. 실험실을 지도하는 물리학자를 찾아 주세요. 일상을 벗어난 한 풍자 희극배우를……" 일반적으로 이러한 예외적인 경우들을 찾을 수 없기에 사람들은 대부분 늘 같은 방송, 신문의 같은 기사를 다시 시작한다.

그러나 방송 매체의 반복은 효과가 있다. 이제 대중의 힘에 대해 듣게 해야 할 시간이다.

녀석의 광적인 독서가
우리의 즐거움을 망치
네요.
M6
PIEM

교육부

언론의 덕택으로 교육부의 문이 열렸다. 그곳에 부모들은 빽빽하게 열을 지어 나타났다. 늘 매우 정중한 다른 기술 고문들에게 대접을 받았는데, 이들은 늘 '인정된'이 아닌 '경청' 되었다. 압박감이 더 커지자 보좌관이 그들을 받아들였다. 그러나 아무 일도 일어나지 않은 채 몇 개월이 지났다. 부모들은 그래도 고집했다. 그들은 이제 비서실장에게 받아들여졌다. 몇 개월이 더 지나면 그때는 교육부장관에게 받아들여질 것이다.

클레망소의 생각을 예로 이 귀찮은 사람들을 쫓아 버리기 위해서는 위원회를 열어야 한다: "어떤 주제를 땅에 묻기를 바라면, 새로운 위원회를 여시오."

장관위원회가 구성되기 위해선 수많은 사전 모임들이 있어야 한다. 위원회에 누구를 넣을까? 장학관과 대학 직업 교육연구소(IUFM)의 대표? 어떻게 그들을 선택하지? 영재아동들을 위한 대회를 무모하게 지지했거나, 괴로워하는 부모를 대접했던 사람들 가운데서 그들을 찾아야 할까? 아니면 적응교육학에 관심이 있는 선생님들 가운데에서?

그들은 우연히 몇 개의 이름을 집는다. 날짜를 정하고 '오디션' 계획을 짠다. 두 협회가 초대되었는데 그들은 마치 심사위원 앞에 시험을 치르는 것처럼 그들의 목적을 발표했고, 요구를 서식에 따라 작성했다. 다른 소규모의 협회들이 그러한 위원회 소문을 들을 때, 이 작은 협회들은 이것을 나쁜 선례로 이용할 것이다. 첫번째 오디션을 출판하지 않는다는 조건으로, 앞으로 2개월마다의 '오디션'을 4년 혹은 5년으로 하고 장소는 준비될 것이다. 영재성에 대해 그들의 선임자들과 같은 의견을 나누었던 이 교육부를 교육부장관들이 항상 계승한다는 조건으로. 요컨대 누구냐는 그리 중요하지가 않았다. 위원회는 사실, 그것이 무엇이든 어떤 결과에 이를 예정이 아니고, 매우 소수인 부모들의 열렬한 주장을 진정시키기 위함이다.

약속된 날, 큰 탁자가 놓인 커다란 홀에 현저히 많은 사람들이 '오디션'을 받을 준비가 되어 있다. 협회들의 가여운 대표들은 그들을 설득하려 애쓰고, 아니면 적어도 그들의 머리에 의심의 씨를 뿌리려 노력한다.

칼로 물베기? 헛수고는 아니다. 몇 사람은 주의 깊고 매우 관심을 보인다. 그들 자신들도 영재이고, 그들의 영재성 때문에 가져야 할 어려움들을 어린 시절에 겪었던가? 혹은 영재아동들을 자녀로 두었는가? 아니면 단지 그들의 지식들에 이끌린 증거들에 더 이상 못들은 체하면 안 되는 시간이 왔다고 생각하기 때문인가?

영재아동들을 인식하는 데 있어 어떤 어려움들이 있는가?
프랑스 교육 체계를 이해하기 위해 국립공교육의 역사에 대해 회고해야 한다.

시험을 통과한 8퍼센트의 학생들만이 고등학교로 가는 전적으로 엘리트주의적인 교육 체계를 제2차 세계대전 이후, 모든 아이들을 맞아들이는 체계로의 변화가 목적인 다양한 개혁들이 학교 교육에 깊은 영향을 미쳤다. 1950년대 초기에는 공립 고등학교들과 그곳 보충 수업들이 나란히 '놀이방'이라 불리는 12학년에서 대입고사 학년까지의 모든 학교 교육을 책임졌다. 개혁에 따라 소규모의 고등학교는 사라졌다. 공립학교의 전문 용어는 기초 과정 전체에 적용되었다. 12학년은 유치원 과정이 되고 11학년은 수업 준비반 등 7학년은 CM2로 다시 이름이 붙여졌다. 6학년에서 3학년까지의 교과 수업을 고등학교에서 떼어 놓았고, 일반 중학교 교육은 중등교육(CEM)이 되었다. '제2기의'라는 개념이 아직도 너무 선별적이나 중등교육은 이제부터 일반 중학교(CLG)로, 기술교육 중학교는 직업고등학교(LP)로 불려진다.

이러한 명칭들은 과거 교육 체계의 다양한 문제점들을 없애려는 입법자의 의도를 잘 드러낸다.

6학년 수업을 라틴어를 필두로 하거나 이질성으로부터 도망치기를 허용하는 모든 교육은 제거되었다.

이것이 구체제를 날려 보내고 완전한 전환점을 나타내는 1968년 5월의 폭발이다. 국립교육은 불안에 빠졌고 국립교육이 요구된 방향으로 나아감으로써 격찬된 이데올로기가 기쁘지 않아서가 아니라, 수개월 동안 국립교육에서 권력이 빠져나갔기 때문에 회복하는 데 긴 시간이 걸렸다. 교수와 학생들은 거리와 대학 벤치에서 무정부 상태로 국립교육 없는 세상을 다시 만들었다. 이 반항은 사회적 변화를 가속시키기만을 했다. 그러나 그 결과로, 이 날들의 기억은 거리로 나서겠다고 위협하는 학생들의 연합이 있을 때마다, 우리 장관들을 매우 신중하도록 만들었다.

중요한 두 개혁이 사회의 안정을 되돌려 놓았다. 이것들의 원칙은 교직자 조합들에 의해 열렬히 방어된 평등주의이다. 영재아동을 위해 적합한 교육을 요구하는 것은 신성모독을 드러냄이다: 평등주의는 종교이다.

1977년의 하비의 개혁은 일반 공통 과정을 예견했고, 학습에 어려움이 있는 학생들을 위한 3시간의 보충 학습과 우수한 학생들을 위한 3시간의 심화 학습을 행하게 했다. 신뢰의 부족으로 심화 학습 시간은 한 번도 적용된 적이 없다. 이 사실로 인해 이 개혁은 엉성한 것이 되었다. 조합과 연합한 국립교육 역시, 아마도 우수한 학생들은 늘 궁지에서 벗어난다는 사고에 근거해서 새 개혁의 이 부분이 불필요하다고 생각했을 것이다.

보충 학습 시간은 기대한 결과를 만들어 내지 못하면서 학교 교육의 실패는 커져만 갔다. 그리고 어려운 상황에 처한 지능적으로 뛰어난 아이들(영재아)이라는 새로운 유형의 아이들이 나타났다.

1989년의 조스팽 법은 획일화의 과정에 종지부를 찍었다. 연령층의 100퍼센트가 6학년으로 입학했다. 중학교의 모든 단계가 폐지되었다: 6학년에 아이들은 11세나 12세에 들어갔고 모두 같은 교육을 받는다.

학생들의 지식이 확인되지 않고 선택이 허용되지 않는 구조인 혼합 학급은 특히 영재아동이든 아니든, 아이들의 어려움의 본질이 무엇이든 그들이 학업을 실패하는 해를 끼쳤다.

교육에 있어서 너무 오랫동안 '개선'만을 문제삼았다. 사전에 실패 문제를 고려해 봄이 적합하다. 단순히 치유만이 문제되는 것이 아니라, 아이와 아이의 모든 가족에게 비극이 되고 있는 학교 교육의 실패를 내다봐야 한다. 얼마나 이 교과 과정 실패의 고통을 성인들이 벗어날 수 없었겠는가! 1992년 이래 세워진 **CE2**(기초반2)와 6학년의 처참한 결과에 대한 평가가 우리 프랑스 정부에 경고했다. 여전히 조심스럽게 국립교육은 결과를 증명해 보이지 못한 교육 체계, 특히 중학교를 다시 생각하기 시작했다. 이로 인해 학생들의 요구들을 확인하고 조정을 초래해야 할 학습 단계에 아이를 넣기 위해 유치원부터 거의 모든 학년에 대한 평가가 곧 만들어질 것이다.

1996년 이래 정부의 모든 발표문은 학생들의 다양성을 존중할 것을 요구한다: "우리는 학교 교과 과정을 소질과 재능 그리고 성숙의 다양성에 적용하도록 노력한다. 이러한 목적으로 학교 기관들은 자율성의 여지를 가진다." "자율성이 필요한 기관에 더 주어야"할 것이다.

학교의 문들은 여전히 닫혀 있다. 그러나 문이 더 이상 잠겨 있지는 않다. 학교 기관의 우두머리들은 그들에게 제공된 완전히 문을 여는 좋은 기회를 잡아야 한다.

평등주의는 기회의 평등을 의미하지는 않는다. 우리 정부는 그것을 깨닫기 시작했다.

프랑스 교육 체계는 초등교육과 중등교육 기간 동안 모두에게 넉넉히 개방된 이러한 특수성을 가지고 있다. 그러나 이 체계는 그랑제콜이 논의되자마자 장애물처럼 보인다. 이 체계는 학년이 올라감에 따라 점점 더 빠르게 스스로 자신의 주위를 도는——모든 학생들이 매달려야 할——하나의 공과 같다. 속도가 매우 빠르게 되었을 때, 원심력에 의해 공기를 마신 학생들은 대기 속으로 사라질 것이다. 이 힘에 견뎌 내도록 **행복한 몇몇**만이 상당히 확고하고 도움을 꽤 받았다. 이렇게 혜택을 받지 못하는 사회문화 환경의 아이들이 점점 적어지면서, 아이들은 저학년 때부터 입학이 준비된 탓에 그랑제콜에 들어갈 수 있다.

그렇지만 이 분야마저도 늘 사람들은 인식한다. 파리정치학연구소는 입학시험을 준비하지 않아 이 경이로운 학교에 들어갈 가능성이 전혀 없을 빈곤한 교외 지역의 몇몇 학생들을 모집했다. 아마도 다른 그랑제콜들도 이 예를 따를 것이다. 같은 생각에서 중학교의 공공 기숙사들이 거의 모두가 사라졌으나 국가가 전부를 책임지면서 다시 나타났다. 예전처럼 공부할 의도가 있는 장학생들은 그곳을 '공화국의 승강기'로 이용하고, 우리의 혁명적인 장관들이 말하는 '공화국의 엘리트주의'에 도달한다. 영재아동들은 이 영역에 연관되어 있고 또한 정당하게 인정받을 것이다.

교육부위원회

교육부장관에게 배달된 편지

장관님께,

저는 매우 많은 가족들이 자신들의 청원서들과 고통에 자주 냉담한 행정에 부딪친 증언들을 받았기에, 그들의 대변인으로서 당신에게 직접 호소합니다.

어떤 아이들은 아주 일찍 그들의 예외적인 재능을 보여주었다는 것을 우리 모두는 압니다.

파스칼은 유클리드의 기하학 논리를 12세에 발견했고, 13세에 과학 아카데미에 논문을 발표했습니다. 가우스[35]는 자신의 스승이 제자들에게 1부터 100까지의 숫자를 모두 쓰고 그것을 모두 합할 것을 요구했을 때, 겨우 10세에 불과했지요. 50×101을 곱셈으로 칼이 답을 찾았을 때, 여건 명시는 끝나지 않았습니다. 14세에 앙페르는 《백과사전》[36] 20권을 읽었답니다. 7세의 맨느 공작은 에라스무스 번역판의 저자였고요. 뤼베크의 아이가 덴마크의 왕과 왕비[37] 앞에서 작은 연설을 한 것

---

35) 이미 앞에서 언급한 바 있다.(참조: p.32)〔역주〕

36) 프랑스 19세기의 백과전서학파들에 의해 처음 만들어진 《백과사전》을 말한다. 〔역주〕

37) 장 클로드 그루바, 미셸 뒤미, 소피 코트 등에서 자크 보티에, 《지능적 영재성: 신화에서 유전학까지》, Mardaga, Sprimont, Belgique, 1997.

도 3세 반이었을 때였습니다.

장관님, 만일 앙페르·파스칼·뉴턴·가우스·스튜어트 밀·아인슈타인이 오늘날의 아이들이였다면, 그리고 의식 있는 그들의 부모들이 그들의 영재성으로 인해 학년심의회나 장학관에게 아이의 월반을 요청했다면, 그들 제안의 기각 서류에 '미성숙' '나쁜 필체' '다방면의 능력 획득 진행중' 이라는 지적을 받았을까요?

메를로 퐁티는 자신의 저서인 《아인슈타인》에서 "과학자였던 자크 삼촌은 알베르트의 호기심을 자극하는 데 망설이지 않았다"고 말했습니다. 모든 아이들이 학자 삼촌을 두는 행운을 가진 것은 아닙니다. 그러므로 아이들은 학교로부터 지식을 기대합니다.

"그들의 장점들을 발전시킬 적절한 구조가 존재하지 않는 환경 속에서, 셀 수 없이 많은 아인슈타인·모차르트나 스튜어트 밀 등과 같은 아이들이 이렇게 어쩌면 나타났다가 또 급하게 사라졌을 겁니다."[38]

영재아이들을 수용하고 그들의 차이를 고려하는 것은 중세에도 이미 당연했습니다. 그러면 그때인 중세보다 지금이 덜 진화했다는 말인가요?

모든 아이들이 그들 각자의 소질과 다양성에 적합한 교육을 받게 하기 위해 장관님께서 원고를 작성하고 명령했습니다. 그리고 대화를 시작했습니다. 그럼에도 불구하고 몇몇의 교육자, 교육 감시관, 장학사들은 왜 아직도 못들은 척하는 건가요? 그들은 왜 연구자들에 의해 씌어진 영재들에 대한 자료 읽기를 거부하는 것입니까?

그들은 당신이 발표한 명령들을 집행합니다. 그리고 타자기를 멈추

---

38) 로버트 클라크, 《슈퍼 두뇌; 영재에서 천재까지》, P.U.F., 2001.

는 것을 중단했습니다. 그들은 모든 학급의 문제와 영재아동들, 특히 부정적인 학급들까지 포함된 다양한 아이들에 대한 그들의 의무를 다합니다. 모두가 놀이를 하는 시기인 어린 시절에 아이를 제어하는 것은 종종 나쁜 행위입니다. 자신의 토양에서 가장 비옥한 부분을 소홀히 하는 농부는 아무도 없을 것입니다.

영재아동의 부모들은 당신으로부터 강력한 메시지를 기다립니다.

그들은 장관님께 무한히 감사할 것입니다.

말의 중압감

행정적인 해석에 따라 얻은 표현들에 어떻게 대항할 수 있으랴: "누구에게든 공립교육에 대한 권리에 단호함을 간직한 학생들의 다양성은 지나치게 규범적인 평가와 너무도 부정적인 진로 지도 개념과 단절하도록 강요됨을 인정해야 한다." 이것을 이해하기가 쉬운가?

사람들이 그들에게 배우는 것을 가르치기에 아이들은 '조종되고' '장벽을 없애고'[39] '(계약의 대상으로서) 체결되고' 부수적으로 '가르쳐' 진다. 아이들은 충분히 성숙하고 (계획의 대상으로) 계획되고 유능한가? 그들은 창살과 도구, 외교의례라는 간접적인 수단으로 평가된다. 어쨌든 논리적 코스의 여정은 길다: 교육적 경로들, 발견의 과정들, 다양화된 여정들(모두가 부모들의 투쟁 여정과 연관된)――온통 '교차된 작업들' 의 흩어짐이다. 한 학생에게 우회적인 교육법을 적용한다. 그를 여정에서 잃어버리지 않도록 주의하라!

그것은 두려워할 것은 아무것도 없이 잘 조직되어 있다. 교수는 그의 작은 교육학 트렁크 속에서 교육 보상금을 위한 교육적 평가와 교

---

39) 학생들이 더 적합한 상급 학급으로 이동하는 일부 수업이 있다. 아이는 매우 활기차게 되나 되찾은 수준의 학급이 더 딱딱해 여전히 싫증을 낸다.

육에 보조 도구 구좌를 찾아낸다. 이렇게 부유한 그는 (원칙적으로) 모든 상황에 직면할 수 있다.

자제된 이질성, 다시 말해 사회적 혼합은 추천되고 권장된 '치료'이다. 치료라는 단어에서 '약'이라는 뿌리를 발견한다. 다시 말해 사전에 의하면 "질병들과 싸우기 위해 사용하는 모든 물질"이다. 치유를 고려하는 의료 분야는 이미 지나갔다. 학교가 할 줄 몰랐던 것을 의학이 할 수 있겠는가?

결국 교육 프로그램에 시민 의식을 포함시킬 생각을 한 우리 정부에 감사한다. 그것은 분명 아이가 성인으로서 시민이 되었을 때, 스스로 자신의 권리를 의식하고 '정치적 관점에서 올바름'이나 왜곡과 같은 독자적인 생각을 좌절시키는 비판 의식을 스스로에게 허용하는 것을 의미한다.

몰리에르가 《재치를 뽐내는 여인들》에서 마스카릴에게 말하게 하는 "내가 하는 모든 것은 기사처럼 보인다. 그것은 현학자 냄새가 나지 않는다." 그리고 고르기부스에게 말하게 하는 "어떤 알아들을 수 없는 악마를 지금 내가 듣는가?" 이 말들에 의해 겨냥되어 짐을 느끼는 일부의 교육학자들이 있기를 바란다! (다행히도 그들은 아주 약간의 인원임을 강조하는 바이다.)

그것은 전문가 용어들을 사용하지 않는 게 바람직할 것이다. 대화는 이미 쉽지 않으나 그들은 이해되기를 바라고, 모두에게 이해되는 명확한 프랑스어로 부모들에게 호소한다. 특히 교육을 많이 받지 않은 사람들이나 프랑스어를 자유자재로 구사하지 못하는 사람들에게 호소한다. 분명 이러한 연유로 그들은 자기 아이들을 그들보다 낮도록 바랄 것이다. 그들에게 이해되지 않는 언어를 사용하면서 증언하는 이들을 무시하는 이러한 교육학자들을 납득할 수 있는가? 그들의 해석이 곁들여진 몇 개의 예들이 있다.

"'내재적 잠재성을 표현할 수 없음에 화가 난 니콜라스는 외부 공간에 매우 집착한다.' 이것은 니콜라스는 수업을 지겨워하며 창문 너머를 바라다봄을 의미한다."[40] "아이는 리듬과 문체에서 공간 구성의 취약점으로 인해 난처해한다"를 번역하면 그는 느리고 잘못 쓴다이다.

"그는 이미지 안에서 지표를 찾지 못한다?!" "밀착된 운동성 혹은 나아가 섬세한 운동성"을 그는 획득해야 할 것이다! 이는 아이는 쓰는 것과 나아가 잘 쓰기를 배워야 할 것이다!이다.

'나선 모양의 교육' 이란 무엇인가? 천으로 된 재료 작업, 다시 말해 바느질, 그러나 이제부터 더 이상 학교 교과 과정에서 바느질은 없기에 이 표현은 시대에 뒤떨어진 것이거나 잊혀질 수 있다. 잘 알려진 '도약을 지시하는(공)' 의 경우 프랑스 전체를 조롱하는 것일 터이다. 거기에 덧붙일 필요가 전혀 없다.

희극적인 뒤죽박죽의 표현을 몰리에르는 알아들을 수 없는 말로 규정지었다: '필자 도구' '학습자' '낳아 준 학습자' (절대 말하지 않는 학습자의 대리모에 대해 어떻게 생각합니까?). 이 선생님들이 그들의 모국어로 말하는 '모국어 화자' 라면 얼마나 기쁘겠는가!

비가 억수같이 쏟아질 때 영국인들은 "오늘 날씨가 매우 온화하지 않다"고 일반적으로 조심스럽게 말한다. 우리 역시 학생들에 대해서

---

40) 클로드 알레그르, 《모든 진실은 말하기 좋다》, Robert Laffont/Fayart, 2000.

말할 때, 조심스럽기까지 한 표현들을 곡언법(曲言法) 기술을 적용하면서 쓴다. "당신의 아이는 정학(퇴학)입니다"라는 표현은 모든 해석이 필요하다: "학교 이동이 이로울 것입니다." "당신의 아이는 작은 조직에서 더 잘해 낼 것입니다." 모두들 인근에 없는 것을 알고 있음에도 불구하고 "영재아동을 위한 학교에 아이를 입학시키세요." 또한 "아이를 위해 긍정적인 교육 지도가 필요합니다." 이것이 의미함은 "더 이상 일반 학교에서는 아이를 필요로 하지 않는다"이다. 게다가 "나는 진로 지도를 받았어"라고 아이들이 말할 때, 그것을 그들은 착각하지 않는다.

그리고 나름대로의 최선은 선생에게 따귀 한 대를 "야생아(野生兒)의 몰상식함"이라 말하는 것이다!

이 모두가 극단적으로 중요하지는 않다. 개혁이 잇달아 일어나도 그것은 헛된 일이다. 상식은 남고 **바보는 떠난다.** 대부분의 교육자들은 교육 현장에서 찬탄할 만한 인내와 명백한 애정으로 아이들을 항구로 안내하도록 애쓴다.

연구자들

우리를 통치하는 지도층들을 이해시켜 주기 위해 부모들은 누구를 기댈 수 있을까요? 연구자들인가요?

그들은 어떤 상처에 대한 연속되는 장애들에 대해 연구하면서, 이미 두뇌 면에서 다양한 역할의 중심에 서 있다. 그러나 최근까지도 시체의 두뇌에 대해서만 연구할 수밖에 없었다. 포르말린 용액 속에 작게 각이 져 잘려진 채 보관된, 아인슈타인의 두뇌는 아주 약간의 비밀들만을 내비친다.

결코 예전에 없던 오늘날의 기술은 과학이 발전하도록 허용할 것이다. 우리는 공명영상법에 의한 단층 사진(**MRI**)이나, 위치 방출 단층촬영(**PFT**) 덕택으로 활동중인 두뇌 속으로 들어갈 수 있다. 특히 아직까지 인지과학[41] 영역 안에서 반박할 여지가 없을 발견들을 하게 될 영재들에 대해 관심을 가지는 학자들은 많지가 않다.

모든 아이들을 같은 굴레에 더 이상 가두지 않으려는 의도가 넘치는, 더 이상 관념적인 개혁이 아닌 차분한 태도로 어쩌면 검토가 가능하지 않을까?

---

41) 심리학 · 언어학 · 논리학 · 정보과학 등. 〔역주〕

　그러나 영재성에 '귀족 작위 수여증'을 부여할 위대한 연구자들과 마찬가지로, 그들 영재성의 명예를 훼손시키는 사이비 연구원들도 많다. 님부스 교수가 단 하나의 주체에서 밝힌 것은 약간의 모호함이지만 그의 연구가 대단한 의미를 지닌다는 결론에는 도달한다. 어떤 사람은 새로운 어의(語義)들을 만들면서 후세에 전해질 생각을 한다. 또 어떤 사람은 단어들과 놀이를 한다: '습득 거부, 습득 피난처.' 이러한 신어(新語) 창조자들은 매번의 독창적 착상마다 즐기고 기뻐하지만, 이 부대 현상이 영재성의 주장을 지지해 주지는 않는다. 그러므로 이 분야 연구가 아주 어렵다.

유망한 이득 사업

같은 시기 동안에 더 현실주의적인 견고한 사람들은 준비반(CP)에서 상당한 이득을 만드는 방법을 찾는다: 영재아동들을 위한 학교가 터무니없는 가격으로 대성공을 거둔다. 교과 수업 제안이 가장 다양하다——유치원에서의 철학 수업, 휴식, 초등학교 준비반부터의 그룹 정신분석요법. 게다가 12세에 바칼로레아 취득을 약속한다.

이러한 신중한 실업가들 가운데 몇몇은 학생들을 위해 부모들을 모집하기를 선호한다. 그들은 더 열심이고 배우기를 매우 갈망한다! '배우기 거부'를 그들은 모른다. 그들의 근면성과 선의에 상을 주기 위해 그들에게 연수 증서가 수여된다. 영재아동들의 부모들을 위해 이렇게 학교들보다 더 비싼 학교들을 먼저 만들어도 인기리에 운영된다! 이것은 기업주들이 돈을 많이 만든다는 것을 의미한다.

권 태

　지루함은 스트레스와 마찬가지로 완전히 상반된 상황들을 만들 수 있다. 약간의 스트레스는 반응하게 하지만, 과도한 스트레스는 건강을 해친다.

　권태는 너무나 많은 시간들의 여유로부터 탄생한다. 아침에 깨어나 대처할 하루 일과를 생각하지만, 아무런 활동도 예정되지 않았다. 일부 사람들은 글자 그대로 '아무것도 안 하는' 다른 **무위안일한** 사람들보다 나은 성향을 가지고 있다. 그들은 행복한 기질을 가졌다. 그들은 매우 행복한 알렉산드르와 같이 아무것도 하지 않지만 전혀 지루해하지 않는다. 다른 사람들은 이 공허함을 견디기 위해 노력을 해야 하고 약간 지루해하지만, 이 지루함이 너무 무거워지면 친구나 몰두할 일들을 찾는다. 한가한 시간을 채우도록 계획을 세운다.

　창작과 사고를 위해 자유로운 시간이 필요한 사람들이 있다. 겉보기에 그들이 나태해 보여도 그들은 생각하고 있다. 이 잠재기 동안에 그들에게 가장 풍부한 생각들이 나온다. 《월든: 숲 속의 생활》의 저자인 소로는 자연을 응시하며 긴 시간 동안 앉아 있는 것만큼 활동적인 적이 없었다고 말했다. 그와 같이 비활동성과 나태함이 늘 어깨를 나란히 하는 것은 아니다.

그러나 매우 파괴적인 권태 유형이 하나 있다. '보들레르가 사막의 무료함에서 공포의 오아시스'를 생각했을 때, 그것을 말함이다. 영재 아이는 강요된 이 권태 유형을 모면할 수 없다. 스트레스와 마찬가지로 그것은 존재 전체를 사로잡는다. 아이는 동기 부여도 지적 자극도 목적도 없이, 더 기분 좋은 날들에 대한 희망도 없이 마지못해 시간을 보낸다. 그는 의무이기에 학교에 가지만, 그의 재능을 드러낼 어떤 기회도 학교는 그에게 주지 않으며 그에게는 너무나도 쉬운 반복적인 노력만을 하게 한다. 창피해하며 생기 없는 시선으로 수업 내용을 따르지 않는 청소년들을 보는 것보다 더 슬픈 일은 없다. 이러한 학급은 선생님이 그들에게 가르치고자 하는 것에 아무런 실효 없이 6-7시간 동안 앉아 있어야 하는 것을 의미한다.

공부하기를 영재아동들이 포기한 것은 사실이다. 쇼뱅은 "그가 금방 이해하는 개념들을 되풀이하는 학급에서의 지루함은 뛰어난 아이들을 죽인다"고 말한다. 이 아이들이 지적으로 어려움이 있다는 것도 사실이다. 그것은 이 아동들의 부모들이 자주 역설하는 바인데: "영재아동들은 학급에서 지루해한다. 아들은 학교 수업에서 지루해한다. 그러므로 우리 아들은 영재이다."

종종 우울증으로 이르게 할 이와 같은 지루함을 아주 약간의 아이들만이 견뎌 낸다. 그들의 경우를 더 가중시키지 않도록 부모는 학업 성적 결과를 너무 강조하지 않아야 한다.

이탈리아의 영화감독 페데리코 펠리니는 〈아마코드〉에서 11명 교수들의 인물 풍자를 몇 미터의 즐거운 영화로 그렸는데, 오늘날에는 이 영화가 문제를 제기한다. 그러나 펠리니의 어린 시절인 영화 〈오 템포라 오 모레!〉에서는 부모들이 졸업증서를 중하게 여기지 않았고 그들의 자녀를 참견 없이 교육자가 다루도록, 특히 비판 없이 학교를 내버려두었다. 소란 피우는 아이들은 공부를 거의 하지 않고 선생들에 대한 다양한 야유로 지대한 창의성을 증명한다. 이렇게 어느 라틴어 선생은 자신만이 관심 있는 주제에 흥분하면서 학생들의 평화로운 잠을 잠재운다. 또 다른 선생은 수업을 이리저리로 진행하고 수업 내용에 따라 시선을 따르기 위해 아이들은 과장되게 얼굴을 찡그린다. 학교 도착부터 떠나기를 준비하고, 시간을 보내기 위해 차 한 잔을 준비하는 모자 쓴 여선생이 있다. 한 남선생은 그리스어 한 문장을 이해하지 못하는 척하는 학생에게 반복하는 선의를 가지고 열심이다. 매우 펠리니적인 돋보이는 가슴을 가진 수학 여교사는 논리 증명 후에 다른 학생들이 실개천 수업너머로 물 빼는 파이프라인을 설치하는 동안 한 얼빠진 학생에게 소리를 지른다: "이것은 분명하죠. 이해했나요?" 얼마나 좋은 추억인가! 학교 역시.

유명인들과 학교

만약 아이들이 학과 수업에서 성과를 거두지 못한다면, 거기에서 싫증을 느낀다 하더라도 그들의 미래가 그만큼 가로막히지는 않는다는 것을 그들은 안다! 여기 인생에서 때때로 갈망하도록 내버려둔 학습과정 이후에 매우 성공한 몇몇 영재들의 예가 있다.

처칠은 그가 다녔던 첫번째 학교에 대해 회고록에서 '학교를 싫어했다'고 썼다. 그리고 '싫어하는 속박'을 겪어야 했다고 기술했다. 학년말에 그는 학급에서 꼴등을 했다. 선생님들은 그에게 '진짜 바보'라고 말했다. 몇 년 후 한 학교 교장이 다음과 같이 판단했다: "그는 그가 희망한다면 항상 잘할 수 있을 것이다."

20세기의 작가 루이 페르디낭 셀린이 졸업한 공립학교 교장은 그에 대해 성적표에 적기를: "똑똑한 학생이나 부모의 나약함으로 길러진 지나치게 게으른 아이이다. 완고한 지도 아래 매우 잘할 수 있는 아이이다. 훌륭한 학식, 느슨해진 교육."

1996년 소르본대학에서의 프랑스 영재아동협회(AFEP)의 학회 때 요한 프리만 교수가 보여주었다: "피카소는 아주 짧은 기간 학교를 다녔지만 학교를 미워했고, 잘 읽고 잘 쓰는 것조차 제대로 배우지 않았다."

사샤 기트리는 《내가 만일 좋은 기억력을 가지고 있다면》에서 다음
과 같이 토로했다: "내 중학교 시절의 가장 강한 특성은 아마 한 번도
6학년을 통과하지 못한 일일 것…… 18세까지 6학년에 머물러 있었고
…… 그래서 **나의** 6학년이라고 진정 말할 수 있다(사샤 기트리는 좋은
말을 만드는 기쁨을 결코 억제하지 못했다. 진실인즉, 그것으로 인해 오
히려 그녀는 고통스러웠을 것이다)."

맺음말

프로이트는 "유머는 하는 것이 아니라 풀어헤치는 것이다"라고 했다. 중고등학교 학생들을 위한 과학 잡지에서 발견된 이야기는 이것을 증명한다. 사실인 이 이야기는 20세기초로 거슬러 올라간다. 물리학 교수가 작가이다.

나는 동료로부터 어떤 학생에 대한 전화를 받았다. 동료는 그 학생에게 물리시험 성적을 0점 주어야 한다고 평가했으나, 학생은 만점인 20점을 주장했다. 교수와 학생은 공정한 중재자를 한 사람 선택할 것을 합의했고 내가 선택되었다.

나는 시험 문제를 읽었다: "어떻게 기압계의 도움으로 건물의 높이를 측정할 수 있는지 보이시오." 분명 교수는 학생이 지면과 건물의 꼭대기 사이에 기압계에 의해 고려된 압력의 차이를 이용하여 빌딩 높이를 계산하기를 기대했다.

학생은 이렇게 답했다: "빌딩 위에서 기압계를 잡고 밧줄로 묶은 후, 그것을 지면까지 미끄러지게 하고 다시 그것을 올라가게 한 후에 밧줄의 길이를 잰다. 밧줄의 길이가 빌딩의 높이를 말해 준다."

질문에 정확하고 완벽하게 답을 해보인 학생은 옳았다. 다른 측면에서 그에게 점수를 매길 수가 없었다: 이런 경우 그가 내게 물리학 지식을 보여주지 않았음에도 그는 물리학 점수를 받았을 것이다. 나는

학생에게 같은 질문에 6분을 두고 답하는──이번에는 답하는 데 그
의 물리학 지식을 이용할 것을 경고하면서──또 한 번의 기회를 따
르도록 제안했다.

5분이 지나도록 여전히 학생은 아무것도 쓰지 않았다. 나는 그에게
포기하고 싶은지 물었다. 그러나 그는 여러 개의 답 가운데 가장 좋은
정답을 고르는 중이라고 말했다. 나는 그에게 방해해 미안하다고 말
하고 계속할 것을 요구했다. 그는 남은 1분 동안 답하기를 서둘렀다:
"기압계를 건물의 옥상에 놓는다. 그것의 추락 시간을 계산하면서 떨
어뜨린다. 그리고 $x = \frac{gt^2}{2}$ 공식을 적용하면 건물의 높이를 알 수 있다."
나는 바로 이 순간에 내 동료에게 기권하는지를 물었다. 동료는 "예"
라고 대답하고 학생에게 거의 만점을 주었다.

그의 연구실을 떠나면서 나는 그 학생을 불렀다. 왜냐하면 그가 이
문항에 대한 여러 개의 답변을 가지고 있다고 말했기에.

── "아, 네" 하고 그가 대답했다. 예를 들면 햇볕이 있을 때 기압계
를 밖으로 내놓을 수 있습니다. 기압계의 높이와 그 그림자의 길이와
빌딩 그림자의 길이를 잽니다. 그리고 단순한 비율 계산만으로도 빌딩
의 높이를 알 수 있습니다.

── "좋아요. 그럼 다른 답은?" 하고 나는 물었다.

── 당신이 높이 평가할 매우 기초적인 방식이 있습니다. 기압계와 함
께 건물의 층을 오르면서 동시에 건물 벽에 기압계를 대고 길이를 잽
니다. 기압계를 자로 삼아 벽을 따라 선을 재면 빌딩의 높이를 알 수 있
습니다. 이 문제에 대한 또 다른 방식이 있습니다. 최선의 방법은 아마
도 지하층으로 내려가 경비실 문을 두드리고 경비에게 이렇게 말하는
것일 겁니다: "만일 내게 당신이 건물의 높이를 말해 준다면 근사한

기압계를 하나 드리겠습니다.”

곧이어 나는 학생에게 내가 기대한 답변이 무엇인지 알고 있는지 물었다. 학생은 알았지만 그가 어떻게 사고해야 하는지를 가르치려 애쓰는 교수들에 싫증이 났었다고 말했다.

이것은 1922년 노벨 물리학상을 받은 니엘 보어라 불린 학생의 일화이다.

사람들은 말한다

"나는 사범학교를 일등으로 졸업했다. 그러나 입학 3일 만에 정학을 당했었다." — 사샤 기트리

"학교보다 감옥의 이점이 있다면, 감옥에서는 감시자에 의해 씌어진 책읽기를 강요당하지 않는다는 것이다." — 베르나르 쇼

"나는 형이상학 과목 시험에서의 속임수로 퇴학을 당했다. 그때 내 미래에 대한 전망이 떠올랐다." — 우디 앨런

"나는 속독 수업을 듣고 러시아에 대한 이야기인 《전쟁과 평화》를 20분 만에 읽었다." — 우디 앨런

역자 후기

처음 이 책을 대하면서 번역 작업 이전에 곤란한 사항 하나는 프랑스어의 형용사 'précoce(조숙한)'를 어떻게 다루느냐였다. 이 책의 주제인 'l'enfant précoce'는 말 그대로 '조숙한 아이'를 지칭하는데 우리 사회에서는 이를 단지 정신적으로나 육체적으로 성숙한 아이를 의미하지 않는가. 난점과 함께 발견한 것은 서양 심리학에서 먼저 개념을 정립하고 관심을 보이기 시작한 '영재'라는 개념을 우리나라에서는——최근 지나친 관심에 비해——일반적으로 올바르게 인식하고 있지 못하다는 것이었다.

영재란 적어도 하나의 특수한 영역에서 우수한 능력이나 기능을 가지고 있는 사람을 말하며, 영재성을 심리학자들이 말하길 IQ(지능지수) 120이나 125에서 시작한다고 본다. 대략적으로 전체의 5퍼센트 남짓에 불과한 이들은 오랫동안 사람들이 그들의 행동이나 반응조차 제대로 파악하지 못한 탓으로 많은 오해를 받아왔고 잘못 다루어졌다. 그로 인해 천재성에 비해 영재성이 좀더 구체적으로 정립된 것은 그리 오래되지 않았다.

우리나라의 교육 현실이 대학입시를 마지막 종착지로 여기며 지나친 지식 위주의 교육 과잉 현상으로 나타나 일찍부터 어린아이들의 손에 휴대전화를 들려 각종 과외나 학원으로 과도하게 몰아치고 있다. 이러한 특수한 교육 과열 현상에 편승하여 특히 최근 몇해 전부터 시작된 영재에 대한 급작스런 관심은 언론과 방송의 힘을 실감하지 않더라도 학원가 간판이나 출판물에서 흔하게 발견하는 바이다. 이러한 우리의 지나친 교육 열풍은 교육과 훈련으로도 많은 아이들을 영재로 만들 수 있다고 여김을 말해 준다. 다시 말해 우리 사회는 영재란 '만들어지는 것'으로 크게 오인하고 있는 듯하다. 영재 교육은 물론 특별한 재능을 가지고 태어난 아이들을 일찍 발견하여 적절하게 그 필요성에 따라 잘 교육시키고 그들의 능력과 자질을 더 발전, 계발하도록 도와주어 사회인으로서 잘 성장하게 하는 것이 영재 교육의 주목적일 것이다. 우리처럼 모든 아이들을 반복 훈련과 지식 교육으로 좀더 빼어난 능력을 소유하도록, 지능적으로만 부추기는 아이들의 도달해야 할 목적지가 아니다. 하긴 이 모두가 엘리트주의에서 출발한, 지적 능력을 성공과 출세의 승강기쯤으로만 여기는 외눈박이 현실 세태가 이유겠지만. 그래서도 유머와 위트를 가지고 이 책의 저자가 보여준 자신의 체험과 실례 가운데 '선택한 학교에 아이를 등록시키려 부모가 꾸미는 온갖 조작을 방지하는' 예는 아이의 교육을 위해서는 프랑스도 한국과 다소 마찬가지라는 위안과 실소를 자아내게 한다.

하지만 우리 사회가 모든 아이들을 획일화하지 않고 아이들 각자에게 각자의 다양성과 필요성에 따라 선택하여 학습하게 하고, 나아가 아이들이 공부하는 이유를 가지고 배우는 즐거움과 이해의 기쁨을 먼저 깨닫게 하는 교육 현실이 되었으면 하는 마음이 본 번역 작업을 통해 더 절실해진다.

2007년 6월 돈암동에서

참고 문헌

영재

Adda Arielle, *Le livre de l'enfant doué*, Solar, Paris, 1999.

Chauvin Rémy, *Les Surdoués*, Stock/Laurence Pernoud, 1975.

Clarke Robert, *Super-cerveaux: des surdoués, aux génies*, P.U.F., 2001.

Gardner Howard, *Les Intelligences multiples*, Retz, 1993.

Grubar Jean-Claude, Duyme Michel, Côte Sophie et al., *La Précocité intellectuelle: de la mythologie à la génétique*, Mardaga, Sprimont, Belgique, 1997.

Miller Alice, *Le Drame de l'avenir de l'enfant doué*, P.U.F., 1996.

Terrassier Jean-Charles, *Les Enfants surdoués ou la précocité embarrassante*, ESF, 1981.

Terrassier Jean-Charles et Gouillou Philippe, *Le Guide pratique de l'enfant surdoué*, ESF, 1998.

Winner Ellen, *Surdoués, mythes et réalités*, Aubier, 1996.

Actes des colloques et congrès de l'AFEP, Sorbonne, 1996; palais du Luxembourg, 1998; Palais Bourbon, 2000, 2002; tous ces colloques, y compris ceux qui se sont tenus en province, sont édités par Créaxion(21, avenue des Puits-78170 La Celle-Saint-Cloud).

지능

Dehaene Stanislas, *La Bosse des maths*, Odile Jacob, 1997.

Habib Michel, *Bases neurologiques des comportements*, Masson, 1997.

Kahn Axel, *Et l'homme dans tout ça?*, Nil, 2001.

Rossi Jean-Pierre, *L'Approche expérimentale en psychologie*, Dunod, 1997.

연구 논문

Dufour Véronique, *Intelligence et adaptation: les enfants intellectuellement surdoués en situation d'inadaptation*, Presses universitaires du Septentrion, rue du Barreau, BP 199, 59654 Villeneuve-d'Ascq(tél: 03 20 41 66 80).

Ferrand Michèle, Imbert Françoise, Marry Catherine, *L'Excellece scolaire: une affaire de famille*, Culture et Sociétés urbaines/IRESCO, 59/61, rue Pouchet, 75849 Paris Cedex 17, 1997.

여가

Allègre Claude, *Toute vérité est bonne à dire*, Robert Laffont/Fayard, 2000.

Aubert Jean-Luc, *Intelligent mais peut mieux faire*, Albin Michel, 1999.

Closets françois de, *Le Bonheur d'apprendre et comment on l'assassine*, Seuil, 1996.

Clozier Michel, *La Crise de l'intelligence*, Inter Éditions, 1995.

Morel Guy, Tual-Loizeau Daniel, *Petit vocabulaire de la déroute scolaire*, Ramsay, 2000.

Pennac Daniel, *Messieurs les enfants*, Gallimard, 1997.

영재아동의 체험

Abergel Micheline, Hostyn Huguette, *Q.I. êtes-vous?*, Créaxion, 1991.

Gosselin Brigitte et Michel, *Surdoués et échec scolaire*, Sémaphore(128, rue de Belleville, 75020 Paris), 1999.

언어 습득 장애

Habib Michel, *Dyslexie, le cerveau singulier*, Solal, 1999.

Messerschmitt Paul, *La Dyslexie*, Flohic, 1993.

교육학

Boscher M. et V., Chapron J., Carré M.-J., *La Journée des tout-petits*, Belin, 1984.

Delannoy Cécile, Passegand Jean-Claude, *L'Intelligence peut-elle s'éduquer?*, Hachette Éducation/CNDP, 1992.

Garanderie Antoine de la, *Pour une pédagogie de l'intelligence*, Bayard Éditions-Centurion, 1980; *Comprendre et imaginer*, Bayard, 1987; *Les Grands Projets de nos tout-petits*, Bayard, 2001.

Kemp Daniel, *Le Syndrome de l'enfant téflon*, Gordon France, 22, rue Royale, 75008 Paris, 1994.

Sofiyana Agnès, Taffanelli Charles, *Réussir au collège*, Créaxion, 2001.

L'Enfant précoce et l'écrit, AFEP, Créaxion, 2001.

Le Système éducatif français, CRDP de l'Académie de Créteil, 7 rue Roland-Martin, 94500 Champigny-sur-Marne.

테스트

Guillevic Christian, Vautier Stéphane, *Diagnostic et tests psychologiques*, Nathan Université, 1998.

Jolivet Jean-Pierre, *Évaluer les capacités de son enfant, Tests de 18 à ans*, ESF, 1996.

김경하
파리8대학에서 프랑스 현대 문학 석사 · 박사(폴 발레리 산문 전공)
인하대 · 성균관대 · 건국대 · 한성대 · 서경대 · 극동대 등에서
프랑스어와 프랑스 관련 문화 강의 역임

영재아이 키우기

초판발행 : 2007년 6월 10일

東文選

제10-64호, 78. 12. 16 등록
110-300 서울 종로구 관훈동 74번지
전화 : 737-2795

편집설계 : 李姃롯

ISBN 978-89-8038-606-2 94370

東文選 現代新書 1

21세기를 위한 새로운 엘리트

FORSEEN 연구소 (프)

김경현 옮김

우리 사회의 미래를 누르고 있는 경제적·사회적 그리고 도덕적 불확실성과 격변하는 세계에서 새로운 지표들을 찾는 어려움은 엘리트들의 역할과 책임에 대한 재고를 요구한다.

엘리트의 쇄신은 불가피하다. 미래의 지도자들은 어떠한 모습을 갖게 될 것인가? 그들은 어떠한 조건하의 위기 속에서 흔들린 그들의 신뢰도를 다시금 회복할 수 있을 것인가? 기업의 경영을 위해 어떠한 변화를 기대해야 할 것인가? 미래의 결정자들을 위해서 어떠한 교육이 필요한가? 다가오는 시대의 의사결정자들에게 필요한 자질들은 어떠한 것들일까?

이 한 권의 연구보고서는 21세기를 이끌어 나갈 엘리트들에 대한 기대와 조건분석을 시도하고 있으며, 구체적으로 그들이 담당할 역할과 반드시 갖추어야 될 미래에 대한 비전을 제시하고 있다.

본서는 프랑스의 세계적인 커뮤니케이션 그룹인 아바스 그룹 산하의 포르셍 연구소에서 펴낸 《미래에 대한 예측총서》 중의 하나이다. 63개국에 걸친 연구원들의 활동을 바탕으로 세계적인 차원에서 우리 사회를 변화시키게 될 여러 가지 추세들을 깊숙이 파악하고 있다.

사회학적 추세를 연구하는 포르셍 연구소의 이번 연구는 단순히 미래를 예측하는 데에 그치는 것이 아니라, 미래를 준비하는 자들로 하여금 보충적인 성찰의 요소들을 비롯해서, 그들을 에워싸고 있는 세계에 대한 보다 넓은 이해를 지닌 상태에서 행동하고 앞날을 맞이하게끔 하기 위해서 이 관찰을 활용하자는 것이다.

東文選 現代新書 3

사유의 패배

알랭 핑켈크로트

주태환 옮김

문화 속에서 우리는 거북스러움을 느낀다. 왜냐하면 문화란, 사유(思惟)하면서 살아가는 일이기 때문이다. 그리고 오늘날 사유가 아무런 역할도 하지 못하는 제반행위를 흔히 문화적인 것으로 규정해 버리는 조류가 확인되고 있다. 정신의 위대한 창조에 필수적인 동작들, 이 모두가 이렇게 문화적인 것으로 잘못 여겨지고 있다. 무슨 이유로 소비와 광고, 혹은 역사 속에 뿌리박은 모든 자동성이 가져다 주는 달콤함을 탐닉하기보다는 참된 문화를 선택해야 하는 것일까?

87, 88년 프랑스 최고의 베스트셀러로서 프랑스 지성계에 커다란 파문을 일으킨 본서는, 오늘날 프랑스 대중들에게 가장 영향력 있는 철학자 중의 한 사람인 핑켈크로트의 대표작이다. 그는 현재 많은 저작과 방송매체를 통해 사회문제에 관해 적극적인 발언을 펼치고 있다.

그는 오늘날의 거대한 야망이 문화를 손아귀에 움켜쥐고 있다고 결론짓고, 문화라는 거창한 이름 아래 소아병적 증상과 더불어 비관용적 분위기가 확대되어 왔으며, 이제는 기술시대가 낳은 레저산업이 인간 정신이 이루어 놓은 문화적 유산을 싸구려 유희거리로 전락시키고 있으며, 그리하여 정신이 주도하던 인간 삶은 마침내 집단의 배타적 가치에 광분하는 인간과 흐느적거리는 무골인간, 이 둘 사이의 무시무시하고도 우스꽝스런 만남에 자기 자리를 내주고 있다고 통박하고 있다.

그는 본서를 통해 정신적 의미가 구체적 역사 속에서 부상하고 함몰하는 과정을 그려내면서, 우리가 어떻게 해서 여기에까지 도달하게 되었는지를 일관된 논리로 비판하고 있다.

東文選 現代新書 9

텔레비전에 대하여

피에르 부르디외

현택수 옮김

　텔레비전으로 방송된 이 두 개의 콜레주 드 프랑스에서의 강의는 명쾌하고 종합적인 형태로 텔레비전 분석을 소개하고 있다. 첫번째 강의는 텔레비전이라는 작은 화면에 가해지는 보이지 않는 검열의 메커니즘을 보여 주고, 텔레비전의 영상과 담론의 인위적 구조를 만드는 비밀들을 보여 주고 있다. 두번째 강의는 저널리즘계의 영상과 담론을 지배하고 있는 텔레비전이 어떻게 서로 다른 영역인 예술·문학·철학·정치·과학의 기능을 깊게 변화시키는지를 설명하고 있다. 이러한 현상은 시청률의 논리를 도입하여 상업성과 대중 선동적 여론의 요구에 복종한 결과이다.

　이 책은 프랑스에서 출판되자마자 논쟁거리가 되면서, 1년도 채 안 되어 10만 부 이상 팔려 나가 베스트셀러 리스트에 오르고, 세계 각국에서 번역되어 읽혀지고 있는 피에르 부르디외의 최근 대표작 중 하나이다. 인문사회과학 서적으로서 보기 드문 이같은 성공은, 프랑스 및 세계 주요국의 지적 풍토를 말해 주고 있다. 이처럼 이 책이 독자 대중의 폭발적인 반응과 기자 및 지식인들의 지속적인 반향을 불러일으키는 이유는, 세계적으로 잘 알려진 그의 학자적·사회적 명성 때문이기도 하지만 무엇보다도 언론계 기자·지식인·교양 대중들 모두가 관심을 가질 만한 논쟁적인 내용을 담고 있기 때문이다.

東文選 現代新書 14

사랑의 지혜

알랭 핑켈크로트

권유현 옮김

수많은 말들 중에서 주는 행위와 받는 행위, 자비와 탐욕, 자선과 소유욕을 동시에 의미하는 낱말이 하나 있다. 사랑이라는 말이다. 그러나 누가 아직도 무사무욕을 믿고 있는가? 누가 무상의 행위를 진짜로 존재한다고 생각하는가? '근대'의 동이 터오면서부터 도덕을 논하는 모든 계파들은 어느것을 막론하고 무상은 탐욕에서, 또 숭고한 행위는 획득하고 싶은 욕망에서 유래한다는 설명을 하고 있다.

이 책에서 묘사하는 사랑의 이야기는 타자와 나 사이의 불공평에서 출발한다. 즉 사랑이란 타자가 언제나 나보다 우위에 놓이는 것이며, 끊임없이 나에게서 도망가는 타자로부터 나는 도망가지 못하는 것이다. 그리고 사랑의 지혜란 이 알 수 없고 환원되지 않는 타자의 얼굴에 다가가기 위해 애쓰는 것이다. 저자는 이 책에서 남녀간의 사랑의 감정에서 출발하여 타자의 존재론적인 문제로, 이어서 근대사의 비극으로 그의 철학적 성찰을 이끌어 가기 때문이다. 그러나 우리가 이웃에 대한 사랑을 이상적인 영역으로 내쫓는다고 해서, 현실을 더 잘 생각한다는 법은 없다. 오히려 우리는 타인과의 원초적 관계를 이해하기 위해서, 또 그것에서 출발하여 사랑의 감정뿐 아니라 다른 사람에 대한 미움의 감정까지도 이해하기 위해서, 유행에 뒤진 이 개념, 소유의 이야기와는 또 다른 이야기를 필요로 할 수 있다.

알랭 핑켈크로트는 엠마뉴엘 레비나스의 작품에 영향을 받아서 근대가 겪은 엄청난 집단 체험과 각 개인이 살아가면서 맺는 '타자'와의 관계에 대해서 계속해서 질문을 던진다. 이것은 철학임에 틀림없다. 그렇기는 하지만 구체적인 인물에 의해 이야기로 꾸민 철학이다. 이 책은 인간에 대한 인식의 수단으로 플로베르·제임스, 특히 프루스트를 다루며, 이들의 현존하는 문학작품에 의해 철학을 이야기로 꾸며 나간다.

東文選 現代新書 18

청소년을 위한 철학교실

알베르 자카르

장혜영 옮김

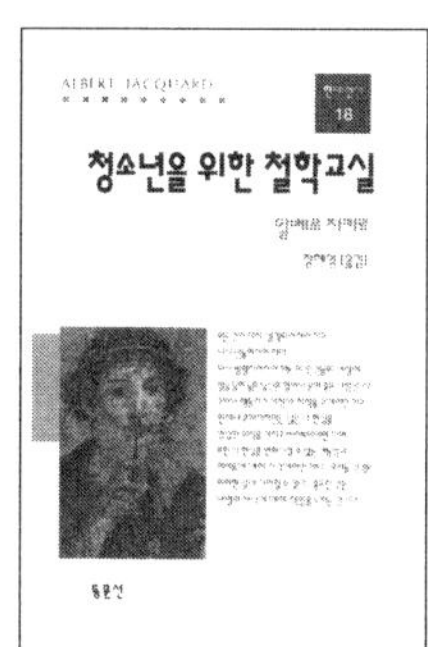

"무엇을 질문하고 어떻게 대답할 것인가?"

철학은 끊임없는 질문과 답변 가운데에 있다. 질문은 진리에 대한 탐색이요, 답변은 존재와 세계에 대한 해석이다. 우리는 철학을 통해 존재의 근원에 이른다. 이 책은 프랑스 알비의 라스콜 고등학교 철학교사인 위게트 플라네스와 철학자 알베르 자카르 사이의 철학 대담으로 철학적 질문과 답변의 과정을 명쾌히 보여 준다.

이 책에는 타인·우애·정의 등 30개의 항목에 대한 철학자의 통찰이 간결하게 살아 있다. 철학교사가 사르트르의 유명한 구절, 즉 "지옥, 그것은 바로 타인이다"에 대해 반박을 요청하자, 저자는 그 인물이 천국에 들어갔다면 그는 틀림없이 "천국, 그것은 바로 타인이다"라고 이야기했을 것이라고 답한다. 결국 타인들은 우리의 지옥이 아니며, 그들이 우리와의 관계를 받아들이려 하지 않을·때 지옥을 만들어 낸다고 말한다.

그렇다면 행복에 대해 이 철학자는 어떻게 답할까? "나에게 행복이란 타인들의 시선 안에서 스스로를 아름답다고 느끼는 것입니다"는 것이 그의 답변이다. 이 책은 막연한 것들에 대해 명징한 질문과 성찰로 우리가 새로운 질문을 던지고, 스스로 그 답을 찾을 수 있는 실마리를 제공한다.

東文選 現代新書 40

윤리학

알랭 바디우

이종영 옮김

이 세계가 나에게 부과하는, 그리고 준수할 것을 요구하는 그러한 윤리가 아니라, 내가 이 세계에 맞서 싸우고자 할 때 지녀야 할 '나 자신의' 윤리란 어떠한 것일까? 그러나 이 세계가 나에게 부과하는 '윤리'가 과연 엄격한 의미에서의 윤리일 수 있을까?

이데올로기로서의 윤리에 대한 부정만으로는 충분치 않다. 이데올로기로서의 윤리에 맞서 싸우는 해방적 실천, 그 자체가 새로운 윤리학에 의해 지탱되어야만 하는 것이다. 여기서 새롭게 제시하고 있는 윤리는, 해방적 정치·학문·예술·애정에 있어서의 혁명적 투사들을 위한 윤리이다. '인권의 윤리'와 '차이의 윤리'를 비판하고 있는 이 책의 1장과 2장은 프랑스적 맥락에 위치하고 있다. 바디우는 이른바 '인권의 윤리'와 '차이의 윤리'를 제국주의 국가로서 프랑스의 위선과 결부짓고 있는 것이다.

존중받아야 하는 것은 각자의 개별성이지 문화적 또는 사회적 차이가 아니다. 그리고 각자의 개별성은 오로지 인간적 동일성이라는 보편성에 토대해서만 존중받을 수 있는 것이다. 보편성에 토대한 개별성에 대한 존중은 사회적·문화적으로 매개된 특수성과는 결단코 대립되는 것이다. 특수성은 항상 배제와 차별을 내포하고 있다. 그리고 프랑스에서의 '차이의 윤리'는 그러한 특수성에 일정하게 입각하고 있는 것이다.

東文選 現代新書 94

진정한 모럴은 모럴을 비웃는다

— 책임진다는 것의 의미

알랭 에슈고엔 / 김웅권 옮김

오늘날 우리는 가치들이 혼재하고 중심을 잃은 이른바 '포스트모던'한 시대에 살고 있다. 다양한 가치들은 하나의 '조정적인' 절대 가치에 의해 정리되고 체계화되지 못하고, 무질서하게 병렬적으로 공존한다. 이런 다원적 현상은 풍요로 인식될 수 있으나, 역설적으로 현대인이 당면한 정신적 방황과 해체의 상황을 드러내 주는 하나의 징표라고도 할 수 있다. 자본주의의 승리와 이러한 가치의 혼란은 인간을 비도덕적으로 만들면서 약육강식적 투쟁의 강도만 심화시킬 우려가 있다. 그리하여 사회는 긴장과 갈등으로 치닫는 메마르고 냉혹한 세계가 될 수 있다.

개인의 자유와 권리가 확대되고, 사회적인 구속이나 억압이 줄어들면 줄어들수록 개인이 져야 할 책임의 무게는 그만큼 가중된다. 이 책임이 그의 자유와 권리를 보장해 주는 것이다. 개인의 신장과 비례하여 증가하는 이 책임이 등한시될 때 사회는 퇴보할 수밖에 없다. 기성의 모든 가치나 권위가 무너져도 더불어 사는 사회가 유지되려면, 개인이 자신의 결정과 행위 그리고 결과에 대해 자신과 타자 앞에, 또는 사회 앞에 책임을 지는 풍토가 정착되어야 한다. 그렇기 때문에 안개가 자욱이 낀 이 불투명한 시대에 책임 원리가 새로운 도덕의 원리로 부상되고 있는 것이다. 또한 어떤 다른 도덕적 질서와도 다르게 책임은 모든 이데올로기적 · 사상적 차이를 넘어서 지배적인 담론의 위치를 차지할 수 있다. 그것은 사회적 · 경제적 변화와 구속에 직면하여 문제들을 해결하기 위해 나타난 '자유의 발현'이기 때문이다.

東文選 現代新書 100

철학적 기본 개념

라파엘 페르버

조국현 옮김

우리는 모두 철학을 가지고 있다. 철학의 싹이 우리 속에 있기 때문에 우리는 철학을 할 수 있다. 물론 보편 정신의 철학은 발전되지 못했을 뿐만 아니라 때때로 잘못되어 있다. 이러한 사실을 놓고 볼 때 철학 외적인 입장이 아닌 철학적 입장에서 철학을 교정할 수 있다는 점이 중요하다. 우리는 철학을 밖에서 바라보기 위해 철학 밖으로 나갈 수 없다. 마찬가지로 우리 일상철학의 옳고 그름을 판단할 수 있는 척도를 제시할 특정한 관점을 얻으려고 철학 밖으로 나갈 수도 없다. 보편 정신은 오히려 스스로 이러한 척도를 세워야 하며, 자가 교정을 위한 요소들을 자신으로부터 찾아내야 한다. 여기에 딱 들어맞는 말이 있다. 언어에 대해서 말하기 위한 언어 밖의 관점이 존재하지 않는 것처럼 철학에 대해서 철학하기 위한 철학 밖의 관점이 존재하지 않는다. 철학 밖에 철학적 입장이 존재하지 않는다는 점에서 철학하기의 필연성이 도출된다. 아리스토텔레스는 다음과 같은 딜레마를 통해 철학하기의 필연성을 역설한다. 철학을 할 필요가 없다는 것을 증명하려면 철학을 해야 한다. 따라서 인간은 어떤 경우에도 철학을 해야 한다.

이 책은 철학을 공부하는 학생과 철학에 흥미를 느끼는 일반인을 위한 작은 사고력 훈련 학교이다. 저자는 철학적 기본 개념인 '철학' '언어' '인식' '진리' '존재' 그리고 '선'의 세계로 독자를 안내한다. 저자는 철학의 내용·방법 그리고 철학적 요구의 문제에 대해서 알기 쉬우면서도 수준 높게 접근한다. 이 책은 철학 입문서이며, 동시에 새로운 관점에서 플라톤 철학과 분석 철학을 결합시키려고 시도하는 저자의 체계적인 사고 과정을 보여 준다.

東文選 現代新書 108

딸에게 들려 주는 작은 철학

롤란트 시몬 셰퍼
안상원 옮김

★독일 청소년 저작상 수상(97)
★청소년을 위한 좋은 책(99, 한국간행물윤리위원회)

작은 철학이 큰사람을 만든다. 아이들과 철학을 이야기하는 것이 요즘 유행처럼 되었다. 아이들에게 철학을 감추지 않는 것, 그것은 분명히 옳은 일이다. 세계에 대한 어른들의 질문이나 아이들의 질문들은 종종 큰 차이가 없으며, 철학은 여기에 답을 줄 수 있다. 이 작은 책은 신중하고 재미있게, 그러면서도 주도면밀하게 철학의 질문들에 대답해 준다.

이 책의 저자 시몬 셰퍼 교수는 독일의 원로 철학자이다. 그가 원숙한 나이에 철학에 대한 깊은 이해를 가지고 자신의 딸이거나 손녀로 가정되고 있는 베레니케에게 대화하듯 철학 이야기를 들려 주고 있다. 만약 그 어려운 수수께끼를 설명한다면 어떻게 할 것인가를 모형적으로 제시하고 있다.

철학은 우리의 구체적인 삶과 멀리 떨어져 있는 삶이 아니다. 우리가 사용하고 있는 말이란 무엇이며, 안다는 것은 무엇인가. 세계와 자연, 사회와 도덕적 질서, 신과 인간의 의미는 무엇인가 등 철학적 사유의 본질적 테마들로 모두 아홉 개의 장으로 나누어 이야기하고 있다. 쉽게 서술되었지만 내용은 무게를 가지고 있어서 중·고등학생뿐만 아니라 대학생과 성인들에게 철학에 대한 평이한 길라잡이가 될 것이다.

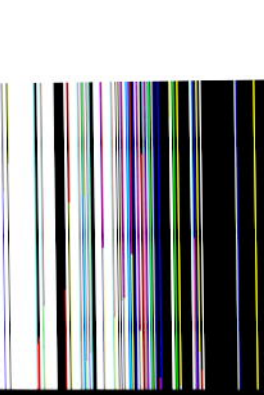

東文選 現代新書 113

쥐비알

알렉상드르 자르댕

김남주 옮김

아버지의 유산, 우리들 가슴속엔 어떤 아버지가 자리하고 있는가?
　정신적 지주였던 아버지에 관한 자전적 이야기인 이 작품은, 소설보다 더 소설적인 부자(父子)의 삶을 감동적으로 담아내고 있다. 자녀들에게 쥐비알이라는 애칭으로 불렸던 그의 아버지 파스칼 자르댕은 여러 편의 소설과 1백여 편의 시나리오를 남겼다. 그 또한 자신의 아버지, 그러니까 저자의 할아버지에 대한 소설 《노란 곱추》를 발표하였으며, 이 작품 또한 수년 전 한국에 소개된 바 있다. 하지만 자유 그 자체였던 그의 존재 이유는 무엇보다도 여자를 사랑하는 일에 있었다. 그의 진정한 일은 여인을 사랑하는 것이었다, 특히 자신의 아내를.
　그는 열여섯의 나이에 아버지의 여자친구인 거대한 재산 상속녀의 침대로 기운차게 뛰어들어 그녀의 정부가 되었으며, 자신들의 관계를 기념하기 위해 베르사유궁의 프티 트리아농과 똑같은 저택을 짓게 하고 파티를 열어 그의 아버지를 초대하는가 하면, 창녀를 친구로 사귀어 몇 달 동안 하루도 거르지 않고 서너 차례씩 꽃다발을 보내어 관리인으로 하여금 그녀가 혹시 공주가 아닐까 하는 착각에 빠지게끔 만들기도 하였다. 그런가 하면 자신의 어머니의 절친한 연인의 해골과 뼈를 집 안에 들여다 놓고, 그것이 저 유명한 나폴레옹 외무상이었던 탈레랑의 뼈라고 능청스레 둘러대다가 탄로나서 집 안을 발칵 뒤집히게 하는 등, 기상천외한 기행과 사랑의 모험을 한순간도 멈추지 않았다. 심지어 죽어서까지 그의 영원한 연인이자 아내였던 저자의 어머니에게 끊임없이 무덤으로부터 열렬한 사랑의 편지가 배달되게 하는가 하면, 17년이 지난 오늘날까지 그의 아내를 포함하여 그를 사랑했던 30여 명의 여인들을 해마다 그가 죽은 날을 기해 성당에 모여 눈물을 흘리게 하여, 그가 죽음으로써 안도의 숨을 내쉬었던 그녀들의 남자들을 참담하게 만들기도 하였다. 스위스의 그의 무덤에는 하루도 빠짐없이 지금까지도 제비꽃 다발이 놓이고 있다.